LE LIVRE-ORACLE DE NAPOLÉON

MARC NEU

LE LIVRE-ORACLE DE NAPOLÉON

LA MÉTHODE RAMENÉE DES CAMPAGNES D'ÉGYPTE POUR PRÉDIRE L'AVENIR

Le lotus & l'éléphant

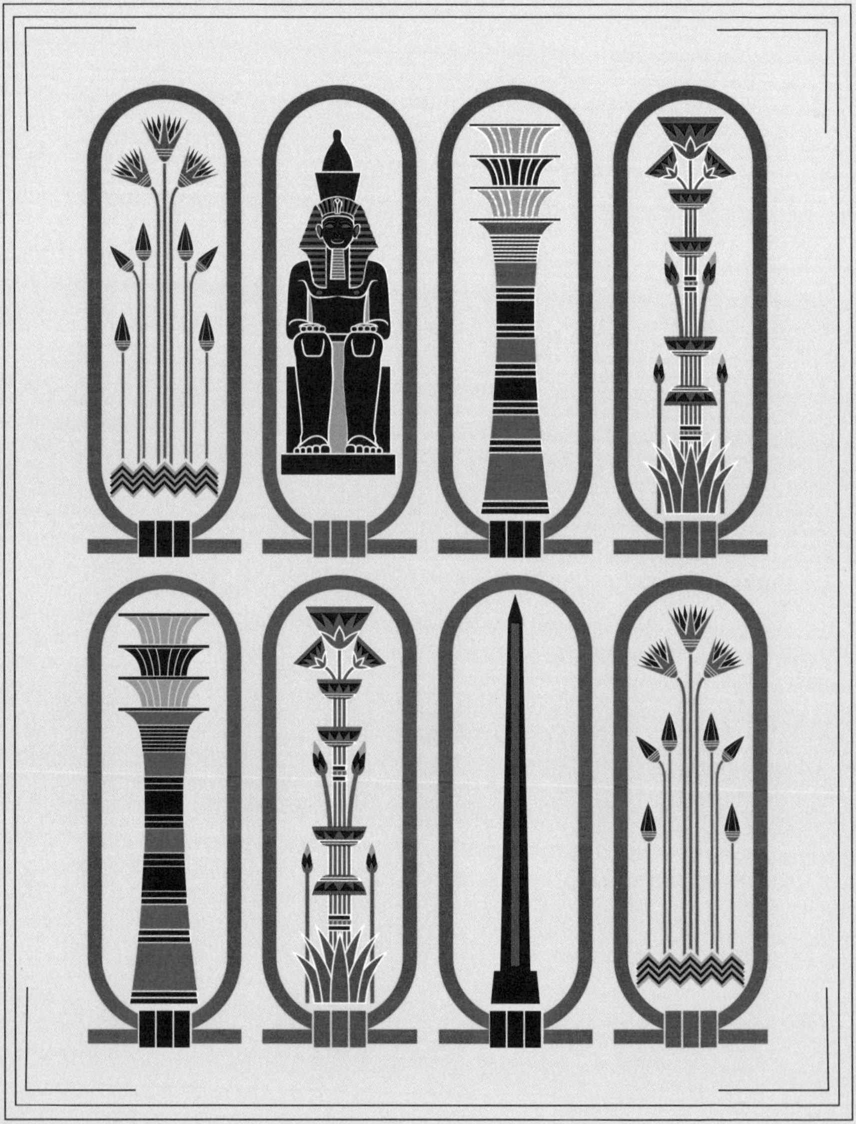

Sommaire

THE

ORACLE

or

BOOK OF FATE

formerly in the possession

of the

EMPEROR NAPOLEON

and

NOW FIRST RENDERED INTO ENGLISH

from a

GERMAN TRANSLATION

of an

ANCIENT EGYPTIAN MANUSCRIPT

FOUND IN THE YEAR 1901, BY M. SONNINI

in one of the

ROYAL TOMBS

NEAR MOUNT LIBYCUS, IN UPPER EGYPT.

BY H. KIRCHENHOFFER,

fellow of the university of pavia, &c. &c. &c.

LONDON:

PRINTED FOR M.ARNOLD

21, TAVESTOOK STREET, COVENN GARDEN; AND SOLD BY

WHITTAKER & CO. ; AVE MARIA LANS; SIMPKIN & CO.; STATIONER'S COURT; HURST & CO. ST. PAULS CHURCH-TARD; MORRISON FENCHURCH STREET; AND OLIVER AND BOTD

EDINBURGH

1835

Introduction

L'oracle de Napoléon est tiré d'un ancien ouvrage, ***The Book of Fate*** (Le Livre du destin), qui lui-même serait extrait d'un manuscrit rapporté par Napoléon. Il fut d'abord traduit en allemand puis en anglais. La traduction anglaise fut réalisée par Henry Kirchenhoffer à partir d'un fac-similé de l'original en possession de feu l'empereur et roi Napoléon pour son altesse Marie-Louise d'Autriche, ancienne impératrice de France et archiduchesse de Parme. Il la lui adressa le 1er juin 1822. Dans son introduction, H. Kirchenhoffer raconte l'histoire présumée de ce *Livre du Destin* et précise que l'original du manuscrit est resté introuvable, probablement perdu ou détruit durant l'une des campagnes militaires de l'empereur. Il indique aussi avoir adapté la traduction aux coutumes anglaises.

La légende

La version originale proviendrait elle-même d'un manuscrit découvert en 1801 par Charles-Nicolas-Sigisbert Sonnini de Manoncourt (1751-1812) dans une tombe royale, près de Thèbes (Louxor aujourd'hui). En creusant un passage vers une chambre intérieure, il découvrit un sarcophage occupé par une momie d'une extra-ordinaire beauté et en parfait état de conservation. En l'examinant, il remarqua un long rouleau de parchemin collé par de la gomme contre son sein gauche. Les magnifiques hiéroglyphes illustrant ce papyrus attisèrent la curiosité de l'archéologue.

Voici comment Sonnini décrivit la tombe :

« L'une des grottes les plus intéressantes contient un sarcophage toujours entier et à sa place. Sa longueur est de seize pieds, sa hauteur de douze et sa profondeur de six. Son couvercle, fait d'un bloc de granit, est parfaitement conservé et orné de l'effigie du roi. Quel fut notre étonnement en réalisant que cette énorme masse avait été transportée à l'autre extrémité d'un passage souterrain de deux cents pas de longueur et que le sarcophage avait été sculpté à la place où il siège. Quelles difficultés ils surmontèrent pour transporter ce poids de plusieurs tonnes à travers une impraticable route de montagne ! Ici, nous trouvâmes la fameuse momie et le rouleau de papyrus. »

Selon Kirchenhoffer, le papyrus aurait été illustré de nombreux dessins d'étranges figures hiéroglyphiques. L'une d'elles représentait Isis marchant sur Terre, avec des fleurs s'épanouissant à chacun de ses pas. Sonnini se hâta de présenter le papyrus au général Bonaparte qui l'envoya à un érudit copte. Celui-ci trouva la clé pour décrypter les caractères du papyrus. Après un long travail de traduction, il dicta son contenu au secrétaire de Napoléon qui, afin d'en préserver le secret, le rédigea en allemand.

Le général, ayant consulté cette version originale, l'utilisa pour des questions personnelles et fut ébloui par la justesse des réponses obtenues. Il rangea le manuscrit allemand dans son cabinet privé pour le garder en sécurité et pour qu'il l'accompagne en permanence.
Il le conserva comme un trésor sacré et consulta l'oracle à chaque fois qu'une décision importante devait être prise : avant chaque campagne militaire, bataille ou rédaction d'un traité.
Il connut un grand chagrin lorsque son cabinet disparut. On raconte qu'à Leipzig, Napoléon aurait pris des risques démesurés afin de protéger son précieux livre.

Sur une page vierge fixée au manuscrit allemand, Napoléon lui-même rédigea une liste de questions posées à l'oracle avec les réponses correspondantes.

Pour la question *Connaîtrai-je la postérité ?*, il obtint la 5e constellation lors du tirage. Cela l'amena à chercher la réponse dans le hiéroglyphe de la Chèvre (12e hiéroglyphe) : *Vous rencontrerez beaucoup d'obstacles, mais, à la longue, vous atteindrez puissance et honneur.*

À la question *Connaîtrai-je la victoire ?*, il tira la 20e constellation et dut chercher la réponse dans le hiéroglyphe des Poissons : *Un conquérant puissant et noble d'esprit viendra, de basses conditions ; il brisera les chaînes de l'opprimé et donnera la liberté aux nations.*

Enfin, à la question *Dois-je me méfier de mes ennemis ?*, il obtint la 1re constellation, ce qui l'amena à chercher la réponse dans le 30e hiéroglyphe, la Dague : *Vous avez des ennemis qui, s'ils ne sont pas retenus par la crainte de la loi, vous plongeront un couteau dans le cœur.*

Le Livre du Destin

Ce livre recenserait quelques oracles utilisés en Égypte pour obtenir des réponses des dieux. Mais l'étude de ce manuscrit comporte des failles historiques et culturelles rendant peu probable son origine égyptienne.

Beaucoup de mystères entourent ce *Livre du Destin* et il est légitime de se demander quelle part relève du conte et laquelle fait partie de l'Histoire. Napoléon est un personnage qui a régulièrement inspiré des mythes comme *L'homme rouge des Tuileries*. Cet autre ouvrage pseudo-historique impliquant Napoléon sert de prétexte à l'enseignement de l'onomancie, un autre système de divination populaire aux XIXe et XXe siècles.

Ce genre de littérature suit les modes de l'époque, et cette période était particulièrement marquée par l'Égypte. Les rituels des loges initiatiques se teintaient d'une touche d'égyptologie, les jeux de cartes adoptaient des figures du panthéon égyptien et, dans les salons, les causeries tournaient autour des fantasmes exotiques tirés des rares informations venues du sol égyptien.

Le *Livre du Destin* n'échappa certainement pas à cette influence. Outre l'astrologie et l'alchimie, cette période était aussi l'âge d'or de la géomancie, un autre système divinatoire en vogue à l'époque, basé sur seize figures de quatre lignes. Chaque ligne était composée soit d'un point, soit de deux, pour représenter le pair et l'impair.

Ce que le mystérieux auteur du *Livre du Destin* appelle les « constellations[1] » ne sont que des figures de géomancie comptant cinq lignes chacune. À l'usage, ce système oraculaire donne de très bons résultats et s'est révélé d'une simplicité enfantine. Il est utilisable par tous.

La première partie de ce livre vous explique comment fonctionne l'oracle et comment obtenir la constellation (la figure de cinq lignes) qui répondra à votre question. J'ai reconstitué le tableau qui constitue la « clé de lecture » de cet oracle en traduisant sa version anglaise. Grâce à lui, vous saurez avec quel hiéroglyphe obtenir une réponse. Dans la seconde partie, vous découvrirez comment interpréter la réponse de l'oracle et l'utiliser aujourd'hui[2].

---

1. Dans la version anglaise, ces 32 figures sont désignées comme des « signes ». Ce terme fait certainement référence aux constellations qui étaient souvent confondues avec les signes du zodiaque à cette époque. Les signes sont au nombre de douze, car ils représentent une division du zodiaque en douze parts d'égale étendue. Les constellations sont des groupements d'étoiles d'inégales étendues.

2. Pour faciliter l'utilisation de l'oracle, les francs de l'époque ont été convertis en euros.

Les éléments de l'oracle

L'oracle est conçu pour répondre à 32 questions. Celles-ci ont été reformulées pour mieux répondre aux préoccupations actuelles. Lorsque vous voudrez l'utiliser, il faudra choisir l'une de ces questions. Si elle ne correspond pas exactement à votre demande, changez-en la formulation ou choisissez la question la plus proche.

1. Comment sera mon partenaire ?

2. Aurai-je un fils ou une fille ?

3. Comment est mon ami ?

4. Dois-je me méfier de mes ennemis ?

5. Que dois-je faire ?

6. Quel métier dois-je exercer ?

7. L'association marchera-t-elle ?

8. Cette personne m'aime-t-elle ?

9. Le patient guérira-t-il ?

10. Comment sera mon mari ?

11. Mon projet se réalisera-t-il ?

12. Mon argent me reviendra-t-il ?

13. Que signifie mon rêve ?

14. Serai-je riche ?

15. Comment bien élever mes enfants ?

16. Serai-je heureux en couple ?

17. Mon partenaire est-il fidèle ?

18. L'étranger reviendra-t-il ?

19. Connaîtrai-je la victoire ?

20. Vais-je récupérer ce qu'on m'a volé ?

21. Puis-je avoir confiance en cet ami ?

22. Connaîtrai-je la postérité ?

23. Que faire pour être heureux ?

24. Vais-je recevoir un héritage ?

25. Vais-je réussir dans ce que j'entreprends ?

26. Aurai-je de l'avancement ?

27. Vais-je gagner à la loterie ?

28. Vaincrai-je mes adversaires ?

29. Gagnerai-je mon procès ?

30. Aurai-je du succès à l'étranger ?

31. Comment sera ma vieillesse ?

32. Le prisonnier sera-t-il bientôt libre ?

Voici une page de l'oracle dans sa version anglaise :

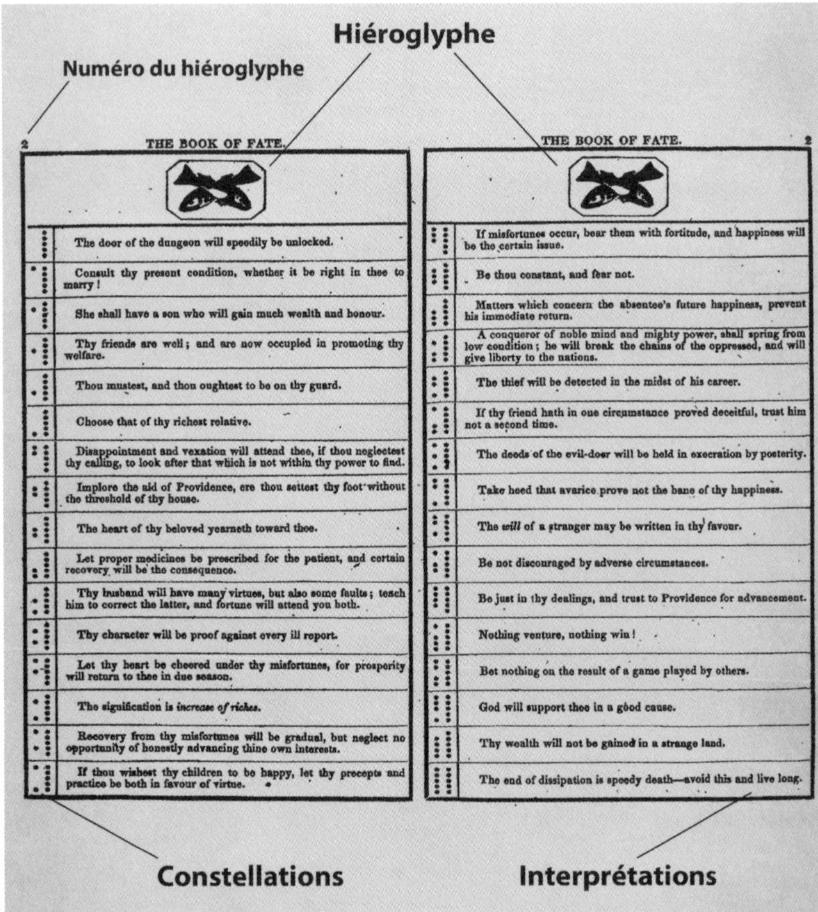

2 THE BOOK OF FATE.

	The door of the dungeon will speedily be unlocked.
	Consult thy present condition, whether it be right in thee to marry !
	She shall have a son who will gain much wealth and honour.
	Thy friends are well ; and are now occupied in promoting thy welfare.
	Thou mustest, and thou oughtest to be on thy guard.
	Choose that of thy richest relative.
	Disappointment and vexation will attend thee, if thou neglectest thy calling, to look after that which is not within thy power to find.
	Implore the aid of Providence, ere thou settest thy foot without the threshold of thy house.
	The heart of thy beloved yearneth toward thee.
	Let proper medicines be prescribed for the patient, and certain recovery will be the consequence.
	Thy husband will have many virtues, but also some faults ; teach him to correct the latter, and fortune will attend you both.
	Thy character will be proof against every ill report.
	Let thy heart be cheered under thy misfortunes, for prosperity will return to thee in due season.
	The signification is *increase of riches.*
	Recovery from thy misfortunes will be gradual, but neglect no opportunity of honestly advancing thine own interests.
	If thou wishest thy children to be happy, let thy precepts and practice be both in favour of virtue.

THE BOOK OF FATE. 2

	If misfortunes occur, bear them with fortitude, and happiness will be the certain issue.
	Be thou constant, and fear not.
	Matters which concern the absentee's future happiness, prevent his immediate return.
	A conqueror of noble mind and mighty power, shall spring from low condition ; he will break the chains of the oppressed, and will give liberty to the nations.
	The thief will be detected in the midst of his career.
	If thy friend hath in one circumstance proved deceitful, trust him not a second time.
	The deeds of the evil-doer will be held in execration by posterity.
	Take heed that avarice prove not the bane of thy happiness.
	The *will* of a stranger may be written in thy favour.
	Be not discouraged by adverse circumstances.
	Be just in thy dealings, and trust to Providence for advancement.
	Nothing venture, nothing win !
	Bet nothing on the result of a game played by others.
	God will support thee in a good cause.
	Thy wealth will not be gained in a strange land.
	The end of dissipation is speedy death—avoid this and live long.

L'auteur, inconnu, a représenté un hiéroglyphe par double page. Chaque hiéroglyphe est numéroté de 1 à 32. Dans chaque colonne de gauche, il classe les 32 constellations composées de 5 lignes d'étoiles. Enfin, dans les colonnes de droite, il expose les réponses.

Ce que l'auteur appelle « hiéroglyphes » sont donc des tableaux avec les constellations (figures géomantiques à 5 lignes) pré-interprétées selon la question posée.
Ainsi, lorsque vous consultez l'oracle, il suffit de choisir une question, de « tirer » une constellation parmi les 32 possibilités, puis de lire la réponse dans le tableau du hiéroglyphe correspondant.

Comment obtenir la constellation de l'oracle

Pour trouver la constellation qui répondra à votre question, l'auteur de la version originale vous propose la technique d'Hermès Trismégiste, suivant en cela les instructions d'Osiris dans le texte *Writing of Balaspis*. Cette méthode est irréalisable et n'a probablement jamais été pratiquée, mais il est intéressant d'avoir le point de vue de l'époque.

Ce qu'il faut retenir

La méthode attribuée à Hermès est folklorique. Elle traduit cependant la vision très répandue des rites pratiqués dans les sociétés initiatiques à l'époque napoléonienne. Dans la pratique, elle est impossible à mettre en œuvre.

On retrouve également ce cérémonial pompeux dans la géomancie occidentalisée, où un rituel complexe devait être respecté pour obtenir une réponse. Dans les groupes spirituels ou ésotériques de cette période, les « maîtres » se disputaient le meilleur rituel, la meilleure initiation, ils compilaient des données, etc. Ils se livraient à des syncrétismes de traditions, de cultures et de pratiques, parfois réussis mais souvent hasardeux. Ce rituel me semble être le résultat de cette volonté syncrétique.

Utilisant moi-même régulièrement l'oracle de Napoléon, je peux affirmer qu'un stylo à bille ou un simple crayon à papier fonctionne très bien. Le cercle du zodiaque est inutile. J'ai déjà pratiqué plus d'une fois cet oracle sur un coin de table en traçant les traits avec mon ongle sur la nappe en papier, et je suis à peu près sûr qu'Osiris n'était pas assis en face de moi ! De la même façon, que la Lune soit pleine ou vide ne changera rien à la réponse de l'oracle.

Selon la version originale

Dans le temple, à l'abri des regards, il faudra procéder aux offrandes, aux encensements et aux sacrifices habituels. Les esprits servants seront invoqués, puis le consultant devra poser sa question avec sincérité, foi et force. Avec un roseau trempé dans le sang sacrificiel, le consultant tracera « au hasard » cinq lignes de petits traits verticaux (minimum treize traits par ligne) dans un cercle représentant le zodiaque des douze signes.

Puis il regroupera les traits de chaque ligne par douze, afin de les éliminer. Il comptera le reste de chaque ligne et notera le chiffre obtenu en face de chacune. Si ce chiffre est pair, il dessinera deux étoiles ; si le chiffre est impair, il dessinera une seule étoile. Les étoiles de chaque ligne dessineront la constellation de la réponse.

Le devin, revêtu de son habit cérémoniel, invoquera Osiris. Il sera assis sur un trône surélevé de trois marches. Il pourra alors chercher le hiéroglyphe correspondant à la question et à la constellation pour interpréter la réponse.

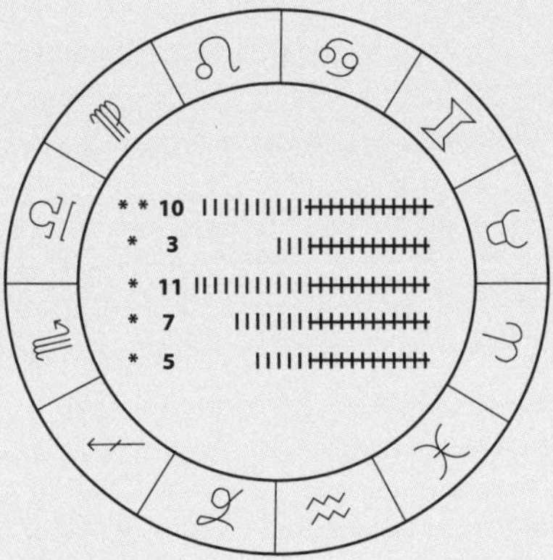

Constellation de la réponse

Selon l'auteur, l'oracle ne devrait pas être consulté lorsque la Lune est pleine, ni en période d'éclipse. Durant ces périodes correspondant aux mythes d'Isis et d'Osiris, les dieux ne sont pas disposés à répondre aux questions des mortels.

Comment pratiquer ?

Rapidement expliqué, le mode d'obtention de la constellation consiste à « jeter » sur le papier, d'une main relâchée tenant un crayon ou un stylo, cinq lignes de points ou de traits verticaux, sans en compter le nombre durant toute la durée de l'opération.

Vous devrez tracer ces lignes en commençant par la droite pour aller vers la gauche, à l'inverse de notre sens d'écriture habituel. Cette précaution permet de déstabiliser votre faculté d'analyse, votre mental aura moins de facilité à compter les points. De cette manière, vous laisserez libre cours à votre intuition.

Je vous conseille également de numéroter les lignes sur votre feuille afin de ne pas avoir à les compter durant le tracé des points.

Votre esprit devra être complètement absorbé par le traçage, et non par des pensées parasites.

Lorsque les cinq lignes sont complètes, le nombre de points ou de traits doit être compté.

Si le résultat de la ligne est impair, un seul point ou étoile sera tracé après la ligne.

Si le résultat de la ligne est pair, deux points ou étoiles seront tracés après la ligne.

Par exemple :

✳ ✳	22 traits	//////////////////////	*Ligne 1*
✳	15 traits	///////////////	*Ligne 2*
✳	23 traits	///////////////////////	*Ligne 3*
✳	19 traits	///////////////////	*Ligne 4*
✳	17 traits	/////////////////	*Ligne 5*

Les 32 constellations

Les figures de l'oracle de Napoléon sont représentées par 5 lignes qui peuvent être soit paires soit impaires. Nous ne pourrons donc obtenir que 32 constellations de 5 lignes chacune.

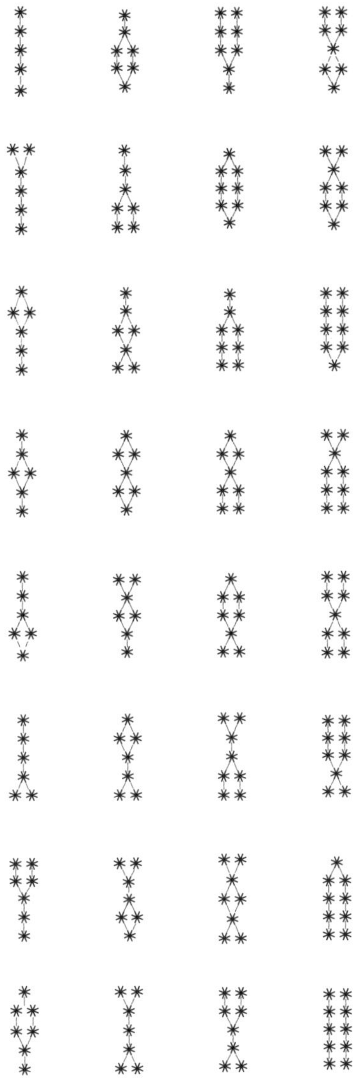

La méthode du graphique

Cette seconde méthode est moins conventionnelle, mais plus rapide lorsque vous aurez à faire des tirages « sur le pouce ».

1. Munissez-vous du schéma ci-contre et d'un stylo.
2. Concentrez-vous sur la question pour laquelle vous consultez l'oracle, pointez le « Départ » et rejoignez le cercle extérieur en suivant les lignes.
3. Vous venez de trouver la figure qui vous donnera l'oracle.

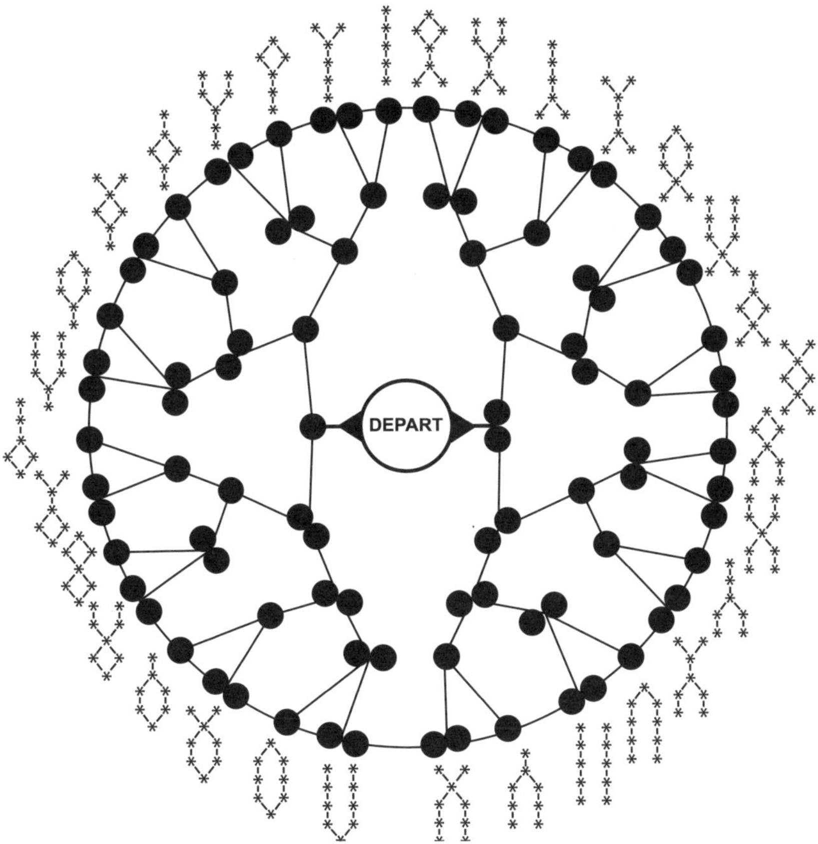
DEPART

Comment interpréter la réponse de l'oracle

Les 5 étapes

1. Choisissez la question pour laquelle vous consultez l'oracle.
2. Tirez la constellation.
3. Dans le tableau « Clés de lecture », sélectionnez la case correspondant à votre question (ligne) et à la constellation obtenue (colonne). Vous y trouverez un chiffre associé à l'un des hiéroglyphes.
4. Rendez vous sur la page du tableau ayant pour en-tête le chiffre et le hiéroglyphe trouvés dans la case.
5. Lisez le commentaire correspondant à la constellation dans le tableau du hiéroglyphe.

Un exemple pour mieux comprendre

1. Je m'interroge pour savoir comment sera l'élue de mon cœur.

Dans la « Clé de lecture », je repère donc la question qui y correspond (en rouge) :

« Comment sera mon partenaire ? »

Clé de lecture										
Comment sera mon partenaire ?	1	2	3	4	5	6	7	8	9	10
Aurai-je un fils ou une fille ?	32	1	2	3	4	5	6	7	8	9
Comment est mon ami ?	31	32	1	2	3	4	5	6	7	8
Dois-je me méfier de mes ennemis ?	30	31	32	1	2	3	4	5	6	7

2. Je procède au tirage de la constellation.
La constellation obtenue est :

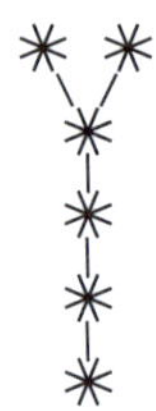

3. Dans la « Clé de lecture », je cherche la ligne de ma question et la colonne de ma constellation (en rouge). Je trouve le chiffre 2 :

Clé de lecture

Comment sera mon partenaire ?	1	2	3	4	5	6	7	8	9
Aurai-je un fils ou une fille ?	32	1	2	3	4	5	6	7	8
Comment est mon ami ?	31	32	1	2	3	4	5	6	7
Dois-je me méfier de mes ennemis ?	30	31	32	1	2	3	4	5	6

Le chiffre 2 correspond au hiéroglyphe des Poissons. C'est dans ce tableau que je trouverai la réponse à ma question.

4. Je consulte le tableau 2 et je lis la réponse de l'oracle pour la constellation tirée :

Penchez-vous sur votre situation actuelle et vérifiez s'il serait juste pour vous de vous marier.

Clé de lecture	* * * * *	** * * * *	* ** * * *	* * ** * *	* * * ** *	* * * * **	** ** * * *	* ** ** * *	* * ** ** *	* * * ** **	* * ** * **	* ** * ** *	** * ** * *	* ** * * **
Comment sera mon partenaire ?	1	2	3	4	5	6	7	8	9	10	11	12	13	14
Aurai-je un fils ou une fille ?	32	1	2	3	4	5	6	7	8	9	10	11	12	13
Comment est mon ami ?	31	32	1	2	3	4	5	6	7	8	9	10	11	12
Dois-je me méfier de mes ennemis ?	30	31	32	1	2	3	4	5	6	7	8	9	10	11
Que dois-je faire ?	29	30	31	32	1	2	3	4	5	6	7	8	9	10
Quel métier dois-je exercer ?	28	29	30	31	32	1	2	3	4	5	6	7	8	9
L'association marchera-t-elle ?	27	28	29	30	31	32	1	2	3	4	5	6	7	8
Cette personne m'aime-t-elle ?	26	27	28	29	30	31	32	1	2	3	4	5	6	7
Le patient guérira-t-il ?	25	26	27	28	29	30	31	32	1	2	3	4	5	6
Comment sera mon mari ?	24	25	26	27	28	29	30	31	32	1	2	3	4	5
Mon projet se réalisera-t-il ?	23	24	25	26	27	28	29	30	31	32	1	2	3	4
Mon argent me reviendra-t-il ?	22	23	24	25	26	27	28	29	30	31	32	1	2	3
Que signifie mon rêve ?	21	22	23	24	25	26	27	28	29	30	31	32	1	2
Serai-je riche ?	20	21	22	23	24	25	26	27	28	29	30	31	32	1
Comment bien élever mes enfants ?	19	20	21	22	23	24	25	26	27	28	29	30	31	32
Serai-je heureux en couple ?	18	19	20	21	22	23	24	25	26	27	28	29	30	31
Mon partenaire est-il fidèle ?	17	18	19	20	21	22	23	24	25	26	27	28	29	30
L'étranger reviendra-t-il ?	16	17	18	19	20	21	22	23	24	25	26	27	28	29

15	16	17	18	19	20	21	22	23	24	25	26	27	28	29	30	31	32
14	15	16	17	18	19	20	21	22	23	24	25	26	27	28	29	30	31
13	14	15	16	17	18	19	20	21	22	23	24	25	26	29	30	31	32
12	13	14	15	16	17	18	19	20	21	22	23	24	25	26	27	28	29
11	12	13	14	15	16	17	18	19	20	21	22	23	24	25	26	27	28
10	11	12	13	14	15	16	17	18	19	20	21	22	23	24	25	26	27
9	10	11	12	13	14	15	16	17	18	19	20	21	22	23	24	25	26
8	9	10	11	12	13	14	15	16	17	18	19	20	21	22	23	24	25
7	8	9	10	11	12	13	14	15	16	17	18	19	20	21	22	23	24
6	7	8	9	10	11	12	13	14	15	16	17	18	19	20	21	22	23
5	6	7	8	9	10	11	12	13	14	15	16	17	18	19	20	21	22
4	5	6	7	8	9	10	11	12	13	14	15	16	17	18	19	20	21
3	4	5	6	7	8	9	10	11	12	13	14	15	16	17	18	19	20
2	3	4	5	6	7	8	9	10	11	12	13	14	15	16	17	18	19
1	2	3	4	5	6	7	8	9	10	11	12	13	14	15	16	17	18
32	1	2	3	4	5	6	7	8	9	10	11	12	13	14	15	16	17
31	32	1	2	3	4	5	6	7	8	9	10	11	12	13	14	15	16
30	31	32	1	2	3	4	5	6	7	8	9	10	11	12	13	14	15

Clé de lecture														
Connaitrai-je la victoire ?	15	16	17	18	19	20	21	22	23	24	25	26	27	28
Vais-je récupérer ce qu'on m'a volé ?	14	15	16	17	18	19	20	21	22	23	24	25	26	27
Puis-je avoir confiance en cet ami ?	13	14	15	16	17	18	19	20	21	22	23	24	25	26
Connaitrai-je la postérité ?	12	13	14	15	16	17	18	19	20	21	22	23	24	25
Que faire pour être heureux ?	11	12	13	14	15	16	17	18	19	20	21	22	23	24
Vais-je avoir un héritage ?	10	11	12	13	14	15	16	17	18	19	20	21	22	23
Vais-je réussir dans ce que j'entreprends ?	9	10	11	12	13	14	15	16	17	18	19	20	21	22
Aurai-je de l'avancement ?	8	9	10	11	12	13	14	15	16	17	18	19	20	21
Vais-je gagner à la loterie ?	7	8	9	10	11	12	13	14	15	16	17	18	19	20
Vaincrai-je mes adversaires ?	6	7	8	9	10	11	12	13	14	15	16	17	18	19
Gagnerai-je mon procès ?	5	6	7	8	9	10	11	12	13	14	15	16	17	18
Aurai-je du succès à l'étranger ?	4	5	6	7	8	9	10	11	12	13	14	15	16	17
Comment sera ma vieillesse ?	3	4	5	6	7	8	9	10	11	12	13	14	15	16
Le prisonnier sera-t-il bientôt libre ?	2	3	4	5	6	7	8	9	10	11	12	13	14	15

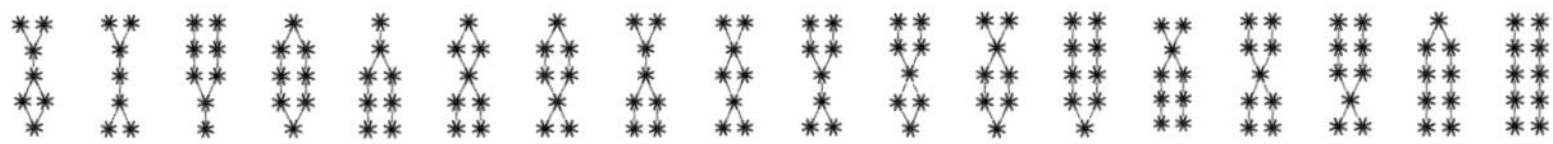

29	30	31	32	1	2	3	4	5	6	7	8	9	10	11	12	13	14
28	29	30	31	32	1	2	3	4	5	6	7	8	9	10	11	12	13
27	28	29	30	31	32	1	2	3	4	5	6	7	8	9	10	11	12
26	27	28	29	30	31	32	1	2	3	4	5	6	7	8	9	10	11
25	26	27	28	29	30	31	32	1	2	3	4	5	6	7	8	9	10
24	25	26	27	28	29	30	31	32	1	2	3	4	5	6	7	8	9
23	24	25	26	27	28	29	30	31	32	1	2	3	4	5	6	7	8
22	23	24	25	26	27	28	29	30	31	32	1	2	3	4	5	6	7
21	22	23	24	25	26	27	28	29	30	31	32	1	2	3	4	5	6
20	21	22	23	24	25	26	27	28	29	30	31	32	1	2	3	4	5
19	20	21	22	23	24	25	26	27	28	29	30	31	32	1	2	3	4
18	19	20	21	22	23	24	25	26	27	28	29	30	31	32	1	2	3
17	18	19	20	21	22	23	24	25	26	27	28	29	30	31	32	1	2
16	17	18	19	20	21	22	23	24	25	26	27	28	29	30	31	32	1

1. Le Verseau

Comme le glorieux Soleil éclipse la lumière des étoiles, la partenaire de votre lit sera parmi les femmes considérées comme les plus belles.

Elle aura des fils et des filles.

Votre ami est en bonne santé, ses problèmes sont derrière lui. Ses pensées sont à présent dirigées sur vous.

Vous n'avez pas d'ennemis qui puissent vous blesser ou vous nuire.

Choisissez ce pour quoi vous êtes le plus adapté.

Ne vous bloquez pas sur ce qui vous a été caché, mais concentrez-vous aux devoirs de votre métier.

Choisissez des partenaires droits et valeureux, et rien de fâcheux ne vous arrivera.

Ne désespérez pas : votre amour recevra son juste retour.

Ne prenez pas en compte les conseils des ignorants de la médecine, mais appliquez les conseils de ceux qui maîtrisent leur art.

Votre mari portera des armes.

Cherchez l'approbation des vertueux et ne tenez pas compte des remarques des mauvaises personnes.

Soyez préparé aux changements de fortune qui pourront avoir lieu.

Cela signifie un mariage rapidement.

Sachez que la fortune vous tourne le dos actuellement. Vos efforts vous permettront bientôt de triompher de son humeur capricieuse.

Cultivez votre verger avec attention pour qu'à maturité il vous donne de bons fruits.

Ne laissez pas les mauvaises personnes et les jaloux qui se disent vos amis troubler le bonheur de votre couple.

Prenez garde à ne pas donner de raison à votre bien-aimé de se montrer inconstant à votre égard.

Il ne se pose aucun obstacle au retour rapide de l'étranger.

Le sceptre du pouvoir sera arraché au vainqueur.

La récupération des marchandises se fera de façon inattendue.

Quand votre ami aura prouvé sa valeur, vous pourrez avoir véritablement confiance en lui.

Comment comptez-vous vivre dans le souvenir de vos camarades morts en voyant leurs mauvaises actions ?

Ne laissez pas des caprices gâcher votre bonheur.

N'espérez pas hériter de la propriété que vous n'avez pas méritée.

Soyez prudent, et vous connaîtrez le succès.

Contentez-vous de ce que la fortune vous a octroyé.

La bonne fortune sourit aux courageux et aux entrepreneurs.

Vos adversaires profiteront de la première occasion pour vous tomber dessus.

La justice est aveugle mais pas toujours sourde : souvent, elle aime entendre le doux tintement de l'or et de l'argent.

Évitez de fouler les terres étrangères.

Comme votre jeunesse a été vertueuse, dans votre vieillesse, vous serez heureux et respecté.

Le captif cessera bientôt de respirer l'air nauséabond du donjon ; laissez-le jouir avec sagesse de sa liberté.

2. Les Poissons

La porte du donjon s'ouvrira bientôt.

Penchez-vous sur votre situation actuelle et vérifiez s'il est juste pour vous de vous marier.

Elle aura un fils qui sera couvert d'or et qui connaîtra les honneurs.

Vous avez de bons amis qui sont dévoués à votre bien-être.

Vous devez impérativement rester sur vos gardes.

Choisissez votre parent le plus riche.

Déceptions et agacements vous colleront à la peau si vous négligez ce que vous savez faire pour vous tourner vers ce qui n'est pas en votre pouvoir.

Implorez l'aide de la providence avant de franchir le seuil de votre maison.

Le cœur de votre bien-aimé(e) bat pour vous.

Laissez le patient prendre les médicaments indiqués pour son mal et, en conséquence, il récupérera pleinement.

Votre mari aura bien des qualités, mais aussi des défauts. Vous lui apprendrez à les rectifier et vous connaîtrez bonheur et fortune.

Votre force de caractère vaincra tous les maux.

Ne laissez pas votre cœur se flétrir par vos malheurs, car la prospérité reviendra en temps voulu.

La signification est : augmentation des richesses.

Vous récupérez progressivement de vos malheurs, mais ne négligez aucune occasion de progresser honnêtement.

Si vous souhaitez que vos enfants soient heureux, axez leur éducation sur la noblesse et la vertu.

Si le malheur se produit, supportez-le avec courage, et l'issue sera heureuse.

Restez constant et ne craignez pas la peur.

N'accordez pas d'importance à votre absence de plaisir et prévoyez son retour pour bientôt.

Un conquérant puissant et noble d'esprit, issu de basse condition, viendra. Il brisera les chaînes de l'opprimé et donnera la liberté aux nations.

Sa valeur sera dévoilée au milieu de sa carrière.

Si votre ami vous a déjà déçu en quelque circonstance, ne lui accordez plus votre confiance.

On se souviendra longtemps des actions des mauvais hommes.

Souvenez-vous que l'avarice n'est pas la base du bonheur.

La volonté d'un inconnu pourrait s'avérer en votre faveur.

Ne soyez pas découragé par des circonstances désavantageuses.

Soyez juste dans vos actes et faites confiance à la providence pour votre avancement.

À vaincre sans combattre on triomphe sans gloire !

Ne pariez pas sur un jeu joué par d'autres que vous.

Dieu favorise ceux qui se battent pour les justes causes.

Votre richesse ne sera pas acquise dans un pays étranger.

La fin de vos ennuis s'annoncera rapidement et vous vivrez longtemps.

3. Le Bélier

Se coucher tôt pour se lever de bonne heure rend les hommes vifs, forts et en bonne santé.

Le prisonnier sera rapidement libéré.

Bonne humeur et fidélité sont tout ce que vous devriez avoir.

Elle devrait avoir une fille qui héritera de toutes les qualités de sa mère.

La maladie n'est pas entièrement absente de la maison pour laquelle vous consultez ; ils disent que votre présence serait agréable.

Vous avez un ennemi qui tentera de vous nuire.

Marchez sur les pas de vos parents.

Ne dépensez pas vos biens dans ce qui n'en vaut pas la peine.

Avant de mettre les pieds dehors, mettez vos affaires en ordre et quand vous rentrerez chez vous, vous trouverez un lieu sûr et agréable.

L'amour que vous vous portez l'un à l'autre sera récompensé par un beau mariage.

Comme vous cherchez une avancée rapide, prenez garde à ne pas tomber dans les pièges des charlatans.

L'homme que votre cœur a choisi ne sera pas riche, mais c'est une personne qui vous donnera pleine satisfaction.

Personne ne vit sans ennemi, mais celui qui vous calomnie aura un juste retour des choses.

Si vous allez dans une région lointaine, vous serez soumis à de nombreux périls.

Vous porterez la mort parmi vos ennemis.

Nombreux sont ceux qui croulent sous le poids de la vie. Ne soyez pas l'un d'eux, exercez-vous, progressez et prospérez.

Si vous souhaitez le bonheur et la prospérité pour vos enfants, apprenez-leur à éviter les personnes de mauvaise influence.

Avec ce mariage, si vous êtes prudent, vous aurez beaucoup de bonheur.

N'accordez pas de crédit aux insinuations que votre bien-aimé(e) révèlera être fausses.

Le voyageur reviendra vite et en bonne santé.

L'insulaire qui a longtemps porté le sceptre de l'océan peut cesser sa conquête et devenir l'instructeur de l'humanité.

Ne laissez pas votre désir de recouvrer ce que vous avez perdu se terminer par un bain de sang.

Si vous voyez celui que vous appelez votre ami agir de façon malhonnête avec les autres, ne vous trompez pas en pensant qu'il vous sera fidèle.

Ne laissez pas l'amour de la gloire vous aveugler au point de perdre de vue l'intérêt de vos semblables.

Vous devriez être bien plus heureux que ce que vous avez connu jusqu'à présent.

Contentez-vous de ce que vous avez aujourd'hui.

La fortune vous accordera ses faveurs si vous associez justice et prudence.

Espoir toujours ! Désespoir à jamais !

N'espérez pas gagner à la loterie l'argent que vous pouvez gagner par vous-même.

Quand votre argent a disparu, n'en empruntez jamais.

Vous n'aurez pas gain de cause dans un procès. Soyez prudent et attentif.

Dans une région étrangère, un heureux mariage vous attend.

4. Le Taureau

Vous devez voyager par mer et par terre.

Oui !

Il sera libéré de la puissance de ses ennemis.

Vous ferez fortune avec ce partenaire.

Vous serez béni avec un fils, et s'il est correctement élevé, il rendra votre âge honorable.

Cet ami jouit d'une parfaite santé. Il est à présent engagé dans une correspondance avec un parent.

Un ennemi secret va tenter de miner cette joie.

Choisissez bien, afin qu'avec peu de travail vous puissiez vous offrir une existence confortable.

Cette affaire vous procurera une mine de richesses si vous savez rester prudent et si vous parvenez à vous adapter souvent.

Ce voyage se passera bien et vos objectifs seront atteints.

Cet amour est pris en compte.

Le patient guérira, mais cette maladie est un avertissement pour, à l'avenir, faire plus attention à sa santé.

Vous épouserez un homme auquel un grand honneur sera conféré.

Mettez en avant ce pour quoi vous voudriez qu'on parle en bien de vous.

De grandes vicissitudes attendent le voyageur.

La signification est : un désastre pour vos ennemis.

Demandez-vous si vous n'êtes pas vous-même la cause de cette infortune ; si c'est le cas, soyez plus prudent à l'avenir.

Le meilleur destin sera le lot de ces enfants, sauf si leur morale est corrompue par les tentations du diable.

Ne retardez pas cette union, sinon le bonheur aussi sera retardé.

Vous régnez souverainement sur les sentiments de l'être que vous aimez.

Ne laissez pas l'impatience vous gagner ni vous faire attendre un retour trop rapidement.

Comme l'instruction est répandue à travers le monde, les hommes de toutes conditions et couleurs deviendront libres.

Avec ennui et dépenses, vous pouvez regagner les biens perdus.

L'honnêteté est le seul bien de la véritable amitié.

Ne cherchez pas la réputation dans la bouche du canon.

La félicité suprême est rarement le lot de l'homme mortel.

Vous êtes le favori de la fortune.

Pesez bien le résultat probable des intentions présentes.

Avec une conduite droite, vous êtes sûr de vous élever.

Economisez les centimes, et les euros se multiplieront rapidement.

Ne prêtez jamais à la table de jeu.

Plutôt sacrifier un centime que risquer un conflit pour un euro.

5. Les Gémeaux

Agissez sagement, avec justice, et ne dérangez pas les juges du pays.

Attention aux faux amis !

Il serait imprudent d'embarquer pour un pays étranger.

Vous pouvez être barbier. Raser pour un euro, couper les cheveux pour deux euros.

Certains hommes sont vieux à 30 ans ; prenez soin de votre santé, et vous verrez trois fois cet âge.

Homme instable ! Ne le flattez pas dans l'espoir de trouver de l'argent et de l'or dans des lieux cachés.

Son cœur sera rendu heureux.

Laissez le compagnon de ce voyage être honnête ainsi que courageux.

Si vous agissez avec précaution, vous vous marierez extrêmement bien.

Prenez garde si la déception doit fâcher les espoirs actuels.

Cette femme aura deux filles. Dès lors, la vertu et la beauté seront la raison d'une fierté générale.

La santé du patient sera restaurée.

Ces amis sont en train de faire la fête et vous souhaitent santé et bonheur.

Vous allez épouser un homme dans un état d'exaltation.

Agissez avec justice et refusez la calomnie.

Si vous quittez le pays de vos pères, attendez-vous à de grands changements.

Ce rêve dit d'être diligent dans les affaires.

Les hommes sont souvent les arbitres de leur propre fortune : soyez honnête et tirez avantage de toutes les circonstances qui pourront l'améliorer.

Détruisez les graines du vice et plantez celles de la vertu dans l'esprit des enfants, et le bonheur en ressortira sûrement.

Réfléchissez si vous devez vous marier maintenant.

La régularité sera payée de retour.

Une fois sa quête accomplie, le voyageur reviendra certainement.

Une colonie d'expulsés brisera les chaînes et gagnera une grande autorité.

Ne laissez pas la perte de cette chose influencer votre esprit.

Ne faites pas confiance à ces amis autoproclamés qui vous tournent autour et en veulent à votre prospérité.

Une chaumière et son contenu donneront plus de joie que le palace du plus riche des princes.

Soyez content de ce que vous aurez, et vous n'aurez plus ni peur ni doute sur votre bonheur.

Soyez content, laissez chaque jour vous donner ce dont vous avez besoin.

Si vous espérez le succès, ne soyez pas injuste avec les autres.

Ne rejetez pas les projets actuels en poursuivant un fantôme.

En famille, soyez naturel, mais en affaires, économisez chaque sou.

Préservez une grande tranquillité d'esprit à la table de jeu.

6. Le Cancer

L'argent peut être mis en jeu, mais les biens et pays ne devraient jamais être misés à la table de jeu.

Vous devriez être impliqué dans un procès, mais débarrassez-vous-en rapidement.

Vous serez réellement chanceux pendant ce voyage, mais ne restez pas à l'étranger plus longtemps que nécessaire.

Levez-vous tôt, travaillez ou marchez avant de manger.

Le prisonnier aura bientôt une raison de se réjouir.

Cette partenaire sera riche, mais elle sera aussi fière.

Elle portera un fils dont les talents seront de premier ordre. Assurez-vous qu'elle dirige bien son éducation.

La santé de ceux que vous aimez est bonne. Ils bénéficient des douceurs du bonheur et espèrent que vous resterez avec eux.

Vous avez des ennemis, mais ils n'auront aucune prise sur vous.

Ne vous mêlez pas des lois du pays.

Si vous faites attention à tous les aspects de votre vocation, la fortune vous attend, plus grande qu'aucun trésor du pays dans lequel vous vivez.

Ne tentez pas ceux que vous rencontrez ou auxquels vous avez eu affaire en leur montrant votre porte-monnaie.

Si l'amour est vrai, il sera apprécié.

Une guérison rapide sera la conséquence de remèdes appropriés.

Ce mari sera un homme bon sous tous rapports.

Faites en sorte que votre conduite soit irréprochable.

Soyez prudent et ne dépendez pas entièrement de votre fortune actuelle.

Vous avez été poussé par cette vision à donner votre argent aux pauvres.

L'infortune actuelle aura peu d'influence sur votre future fortune.

Quand vous serez froid dans la tombe, votre nom sera honoré par vos enfants.

En épousant cette personne, vous vous assurez du bonheur pour une longue saison.

Si votre aimée s'esţ montrée inconstante envers un autre, ne pensez pas qu'elle vous restera fidèle.

L'amour active le retour rapide du voyageur à la maison.

Une jeune nation, par la sagesse de vos conseils, deviendra le grand marché du commerce et des arts.

Les biens seront bientôt récupérés.

Avouez que vous êtes pauvre, et vous verrez combien ou quels amis accourront pour vous aider.

Ne sonnez pas la trompette de votre propre réputation. Si vos actes sont vraiment grands, la prospérité ne les oubliera pas.

Quoi qu'il puisse arriver, ne soyez pas mécontent.

Espérez le meilleur, mais pensez à supporter le pire qui puisse arriver.

Epargnez-vous la peine et les dépenses dans une spéculation rapide et non profitable.

Soyez content, et ne tenez pas compte des aiguillons de l'ambition.

La parcimonie est détestable, une pièce de cinq centimes économisée chaque jour donne plus que 18 euros par an.

7. Le Lion

Soyez comme l'abeille, et vous récolterez le miel de l'industrie.

Vous le gâcherez merveilleusement.

Éviter le mal dépend beaucoup de soi-même.

Quand vous partirez, ce voyage sera à votre avantage.

Une longue vie dépend beaucoup de votre tempérance.

Celui qui habite le donjon s'évadera.

Le premier partenaire sera pauvre mais beau et chaste, le second exactement le contraire.

Il naîtra une fille qui possédera la beauté, ce qui se révèlera être un piège si une précoce vanité n'est pas dûment contrôlée.

Ces amis ne sont pas en mauvaise santé, mais toutes les choses ne leur sont pas agréables actuellement.

Les personnes envieuses essaieront d'empêcher sa vie de s'améliorer.

Évitez les outils tranchants !

Soyez appliqué dans votre métier et ne gonflez pas votre esprit avec de faux espoirs.

Quand vous voyagerez, recommandez-vous à Dieu et il veillera sur vous.

Si vous êtes discret, alors vous gagnerez ce sur quoi votre cœur est fixé.

Suivez le conseil de l'expérience et la santé reviendra rapidement.

Vous épouserez un homme dont l'esprit s'élèvera au-dessus de sa condition. Ce sera un devoir, parfois, de le restreindre.

Ce sera ! Mais les calomniateurs seront condamnés par leur propre bouche.

Ne désespérez pas. Bien que la fortune vous abandonne, ce ne sera que pour un temps.

Il est dit dans cette vision que l'entreprise actuelle sera prospère si vous êtes prudent et vigilant.

Chérissez ce cœur ; il sera bientôt prospère.

Choisissez pour vos enfants les vocations en rapport avec les talents dont ils disposent. Enseignez-leur la vertu et la prudence, et laissez le résultat à Dieu.

N'entamez pas une action dont vous ne connaissez pas l'issue.

L'amoureux méritait toute confiance.

Rien ne peut retarder l'arrivée rapide de l'étranger.

Les rangées de mauvaises herbes qui ont longuement infesté les jardins du Sud seront cueillies et, à leur place, fleurira l'arbre de la liberté.

Ne négligez aucun moyen pour trouver le voleur.

L'homme qui se vante d'être prêt à vous aider sera, dans l'adversité, le premier à vous abandonner.

Ne plongez pas vos lauriers dans le sang du vainqueur.

Ne laissez pas l'irritabilité gâcher votre bonheur.

Soyez courtois avec cet homme et il s'en souviendra.

Prenez l'avis de votre meilleur ami avant de continuer.

Vous serez longtemps prospère et vous devriez en être satisfait, mais, à la fin, votre ambition démesurée causera votre ruine.

8. La Vierge à l'épi

Vous serez fortuné et rencontrerez de l'avancement dans cette affaire.

Oui !

Est ce que vous voulez mettre la main dans le feu et par conséquent être brûlé ?

Traitez les autres comme vous voulez être traité, et vous économiserez beaucoup de temps et d'argent.

L'aventure n'est pas loin de la maison !

Allez au lit avec le mouton, levez vous avec l'alouette et ne doutez pas.

Un ami vous procurera une délivrance rapide.

Le caractère de ce partenaire sera exemplaire ! Prenez soin de l'imiter dans tous les cas.

Cette femme aura un fils qui sera érudit et vertueux.

L'amusement occupe à présent l'attention de ces ennemis.

Vous avez un ennemi, mais cette personne et sa fortune ne font pas de mal.

Si vous êtes sage, vous connaîtrez la félicité.

Un trésor attend celui qui ne s'y attend pas.

Le danger peut vous effrayer si vous séjournez longtemps dans un pays étranger.

La main de votre amoureux récompensera en fin de compte votre affection.

Bien que le patient en ait réchappé cette fois, ne le laissez pas présumer de sa constitution.

Par ce mariage, vous serez envié par les autres personnes de votre sexe.

Soyez prudent et courtois, et les flèches de la diffamation seront émoussées avant d'atteindre l'arbre.

Ce sera votre destin de voir beaucoup de changements.

Vous avez rêvé d'un mariage qui aura bientôt lieu.

Veillez à ce que votre infortune ne vous conduise pas à l'ivresse ; si c'était le cas, vous n'en guéririez jamais.

Pour votre descendance, maintenez une discipline stricte mais pas sévère, ne perdez aucune chance d'améliorer la compréhension, et dans la plénitude de leur bonheur, vos enfants vous béniront.

Il vous incombe de ne pas porter attention aux obstacles qui barrent le chemin de votre bonheur.

Il n'y a pas de raison de douter de la fidélité de l'élu(e) de votre cœur.

Bien que son séjour à l'étranger soit long, ce sera à son avantage.

Quand l'imbécilité et la folie seront mises à bas, un peuple puissant regagnera la liberté perdue.

Ne prenez pas la vie de l'homme qui les a blessés.

Évitez de mettre à l'épreuve la patience de vos amis. Ce sera le meilleur moyen de les conserver.

Ne soyez pas trop pressé d'élever le monument de votre réputation.

Le mariage offrira beaucoup de bonheur.

Soyez poli envers chaque homme. Vous ne savez pas lequel s'avérera être un ami.

Ne soyez pas orgueilleux, ni vaniteux, au sommet de votre bonne fortune.

9. La Balance

Laissez l'étoile de la prudence le guider durant son parcours.

Le prisonnier rentrera bientôt à la maison bien que, maintenant, il souffre sous la puissance des ennemis.

Il y a une période dans les affaires des hommes qui conduit inéluctablement à la fortune.

Vous devriez avoir un beau partenaire.

Vous ne devriez pas, mais soyez satisfait et heureux.

Elle devrait avoir un fils dont la conduite respectueuse dans sa jeunesse lui assurera le confort dans l'âge.

Ne goûtez pas, ne touchez pas, ne manipulez pas.

Les amis sont maintenant occupés par des obligations de dévotion.

Si vous n'aimez pas la loi, n'intervenez pas.

Des ennemis tenteront de renverser votre réputation.

Si vous en avez l'occasion, vous pouvez agir confidentiellement.

Vendez des liqueurs fortes, mais veillez à ne pas essayer leur force sur vous-même.

Le vieil âge est atteint seulement pour l'homme qui a la résolution de vivre sobrement.

Un riche trésor vous attend.

Aucun accident ne leur arrivera.

Vous êtes plus amoureux que vous ne l'imaginez.

L'affligé sera bientôt libéré de sa peine.

Ce mari héritera de grandes richesses.

Vous serez calomnié, mais quand les calomniateurs seront démasqués, ils auront honte.

Si sa politique change, sa fortune changera aussi.

La vision annonce que des cadeaux lui seront faits.

Une boisson forte peut encourager le cœur maintenant et lui faire oublier les tourments pour une saison. Mais, ensuite, ils l'empêcheront de jouir de la prospérité.

Ne perdez aucune opportunité de montrer à vos enfants les exploits des hommes vertueux, et ils feront honneur à ces préceptes.

Une grande prospérité attend le couple marié.

N'entretenez pas de soupçons injustifiés.

Quand l'étranger aura réglé ses affaires, il ne perdra pas de temps pour retourner dans son propre pays.

Celui qui trompe son monde sera pris dans les mailles du filet qu'il a lui-même tissé.

Ne donnez pas l'occasion au voleur de recommencer.

Réfléchissez bien avant de révéler un secret. L'ami peut-il le garder ?

Faites le bien, et si l'humanité vous oublie, vous serez quand même son bienfaiteur.

Ne pensez pas à jouir du bonheur alors que votre conduite doit être modifiée.

Soyez un ami pour vous-même, ne dépendez pas des autres.

10. Le Scorpion

Ne souhaitez pas la mort du parent dont vous pouvez hériter de la fortune.

L'avarice est la cause de mille ruines.

La persévérance vainc tous les obstacles.

Vous êtes trop ambitieux.

Vous pouvez être couronné de succès là où des millions ont été ruinés.

Votre destin vous conduit vers un litige, mais à la fin vous serez couronné de succès.

Si vous travaillez loin de la maison, la fortune ne prospérera pas.

L'alcoolisme conduit à la vieillesse prématurément. Évitez-le et vous vivrez longtemps.

Avec beaucoup de difficultés, il obtiendra sa mise en liberté.

Votre partenaire aura, en son temps, beaucoup d'argent. Utilisez-le bien.

Une fille naîtra, qui sera grandement honorée et respectée.

Cet ami est bien ; maintenant, il boit à votre santé.

Vous avez des ennemis, mais vous les battrez et ils seront couverts de honte.

Vous ferez peut-être fortune dans le commerce des pierres précieuses.

La santé sera le trésor le plus précieux que vous posséderez jamais.

La beauté et le succès dans les voyages dépendront grandement de votre conduite à l'égard de ceux que vous rencontrerez.

Persévérez et ne baissez pas les bras trop vite.

Laissez tous les moyens justes être utilisés, et une fin rapide sera donnée au désordre du patient.

Par le mariage, sa fortune et le bonheur seront grandement augmentés.

Quand le rapport mal intentionné atteint vos oreilles, cherchez tout de suite le calomniateur et il sera confondu en votre présence.

Quels que soient les changements que vous puissiez subir, ils seront pour votre bien.

Il a été dit que les faveurs seront conférées sur le champ.

Alors que vous espérez une prospérité durable, ne noyez pas les soucis dans la boisson forte ; si vous le faites, les perspectives seront anéanties à jamais.

Leur bonheur dépendra uniquement de l'instruction que vous leur donnerez.

Soyez discret sur la relation que vous envisagez pour la vie.

L'amoureux soupçonneux est le destructeur de sa propre paix.

Quand la personne absente reviendra, il y aura joie et honneur.

L'ignorance et l'oppression, comme le brouillard épais au sommet de la montagne, seront dispersées graduellement quand le soleil de la connaissance enluminera la compréhension des hommes.

Admonestez-le, mais ne poursuivez pas jusqu'à la mort celui qui vous a blessé.

Ne faites jamais confiance à ceux qui juraient amitié sous la coupe de l'ivresse.

Les bonnes actions des hommes sont souvent écrites sur le sable, et les mauvaises gravées dans le marbre.

Ne réglez pas votre cœur sur les plaisirs dérivés des objets terrestres.

11. L'Archer

Paix et abondance seront, dans une certaine mesure, si vous êtes travailleur.

Alors que vous attendiez les vieilles chaussures des hommes morts, votre propre effort aurait pu vous en procurer de nouvelles.

Laissez la prudence vous guider dans cette affaire.

L'avancement dépend entièrement de vous-même.

Ne doutez pas.

Les chances seront de 3 à 1 contre vous.

Évitez la loi, comme vous éviteriez la peste.

Dans un autre pays, la fortune vous comblera de ses faveurs.

La longueur de vos jours dépend beaucoup des coutumes ; si vous ne vous bâfrez pas, ne picolez pas, vous vivrez longtemps dans le pays.

Le prisonnier aura beaucoup de difficultés à obtenir le pardon.

Votre époux ou épouse sera d'une famille riche et respectable.

Ils auront un bel enfant mâle.

Votre ami est heureux et en meilleure santé que d'habitude ; il se prépare pour un voyage.

Vous serez la cible d'ennemis secrets, mais ils seront pris dans la trappe qu'ils ont préparée pour vous.

Soyez ferme, mais n'opprimez pas les pauvres.

Vous posséderez une mine de richesses dans laquelle des trésors seront mis à jour de temps en temps.

Vous serez certainement prospère.

Considérez si l'objet de vos affections mérite vraiment l'amour.

Ne craignez rien, le malade guérira.

Ce mari sera un homme d'honneur et intègre.

Cette réputation ne sera pas vraiment endommagée par la calomnie.

Ne considérez pas le présent comme la période la plus importante de la vie.

Cela signifie prospérité pour vous et les vôtres.

Quand les malheurs pèsent lourdement sur vous, ne soyez pas consterné, mais tentez de les écarter.

Si vous laissez cet enfant s'écarter des chemins de la vertu, attendez-vous à ce que le vice et la misère soient son lot durant sa vie.

Les mariages conclus dans la hâte se terminent dans la peine ; à l'inverse de ceux qui sont prudemment contractés.

L'objet de votre affection ne vous rendra jamais votre amour.

Ne craignez rien : l'étranger reviendra rapidement.

Les trompettes de la liberté résonneront à travers les halls qui, autrefois, étaient remplis de soupirs et de désespoir.

Ne ménagez pas vos efforts pour faire de votre perte un bénéfice.

Attention aux mots mielleux des hypocrites et trompeurs qui vous mettront en danger.

Prenez garde : l'infâmie est le lot de l'homme mauvais.

12. La Chèvre

Votre nom sera transmis avec la mémoire de vos exploits à la postérité la plus lointaine.

Perspectives de bonheur pour vous.

Ne dépendez pas entièrement des intentions de ce parent, elles peuvent changer.

Le succès dépend beaucoup de votre persévérance.

Vous rencontrerez beaucoup d'obstacles, mais à la longue vous atteindrez puissance et honneur.

Le travail, la persévérance et la circonspection concrétiseront vos vœux les plus optimistes.

Ne jouez pas aux jeux de hasard.

La loi est une épée à double tranchant qui vous frappera sûrement si vous venez à sa portée.

Restez à la maison, et tout ira bien.

Un repas frugal préservera votre santé et vous donnera beaucoup de jours à vivre ; tandis que le banquet de minuit peut vous tuer tout de suite.

Une fois encore, le captif respirera l'air de la liberté.

Ce partenaire sera vertueux. Veillez à l'être également.

Vous aurez un fils dont la santé durant son enfance requerra beaucoup de soins.

Les amis sont joyeux et aimeraient que vous fassiez partie de leur cercle.

Vous devrez vous méfier, et ils seront déconfits.

Vous êtes fait pour être un funambule.

Le contentement est un des plus précieux trésors que personne d'autre que vous ne peut trouver.

Ne vous frottez pas à des compagnons méchants, et ce voyage s'accomplira en sécurité.

Attendez patiemment, et l'amour viendra en retour.

Ne laissez pas les vieilles dames qui prétendent avoir des connaissances médicales toucher à la constitution du patient.

La conduite de ce mari sera telle qu'elle attirera votre bienveillance.

Si vous agissez prudemment et avec droiture, vous n'aurez pas à craindre la calomnie.

De même que les saisons changent, la fortune varie aussi.

Il a dit : « Ne laissez pas filer la prochaine chance d'augmenter votre fortune. »

Ne laissez pas le désespoir s'ajouter aux affres de l'infortune, mais espérez qu'ils disparaîtront en temps utile.

Si vous gagnez la confiance de ces enfants, vous poserez les bases de leur bonheur en leur enseignant la différence entre le bien et le mal.

Si l'avarice ou la luxure ont suggéré ce mariage, ne vous attendez pas à ce que le bonheur dure.

De même que le Soleil poursuit sa course dans le ciel, de même l'amoureuse restera constante à vos vœux.

Vous apercevrez bientôt le visage de l'étranger.

Un vaste empire à l'ouest fera exploser les chaînes qui l'entravent.

Si vous êtes prudent, vous trouverez bientôt votre propriété.

Le baiser sur la joue et les exclamations d'amitié sont comme les mots tracés sur le sable d'une plage ; ne leur faites pas confiance.

13. La Flèche

Ne faites pas confiance à un ami au point de mettre une armure dans ses mains ; il pourra à l'avenir la retourner contre vous.

Cette renommée retentira jusqu'aux coins les plus éloignés de la Terre.

La prospérité vous attend.

Votre activité personnelle vous fournira tout ce que vous souhaitez ; mais si une affaire vous est léguée, soyez-en reconnaissant.

Si vous manœuvrez discrètement, vous remporterez le succès.

On vous préférera.

D'ici dix ans, vous serez un homme riche.

Si vous faites preuve de sagesse, donnez aux pauvres ce dont vous n'avez pas besoin. On vous le rendra au centuple.

La loi laisse peu au plaidant ; vous aurez gain de cause, mais le prix sera plus élevé que vous ne le pensiez.

Restez avec vos amis, vous échapperez aux malheurs.

Le naufragé peut échapper aux vagues et le voleur au gibet, mais la mort subite est la destinée certaine du gourmand et de l'ivrogne.

Si beaucoup d'efforts sont fournis, il obtiendra sa liberté.

Une personne riche et jeune sera votre partenaire.

Elle aura un fils et beaucoup d'honneur rejaillira sur sa famille.

**
*
*
**
*

Cet ami est exempt de maladies corporelles.

**
*
*
*
**

Ces ennemis qui conspirent contre vous seront conduits à la honte et au châtiment.

**
**
**
*
*

Vous serez peut-être un marchand, mais ne vendez pas votre âme pour de l'argent.

*
**
**
**
*

C'est votre destin de passer à côté d'un trésor, pas de le trouver.

*
*
**
**
**

Ne faites pas confiance à l'apparence agréable de tous ceux que vous avez rencontrés dans vos voyages.

*
**
*
**
**

Vous êtes sincèrement aimé.

*
**
**
*
**

Ne laissez pas les frais être un obstacle au rétablissement de la santé du patient.

**
*
*
**
**

Réfléchissez bien et demandez-vous si vous ne devriez pas changer vos conditions de vie.

**
*
**
*
**

Soyez prudent et agissez vertueusement pour avoir bonne réputation, plutôt que de seulement éviter les calomnies des envieux.

**
**
*
*
**

Il est écrit que votre vie sera quadrillée de vicissitudes, mais en fin de compte vous aurez joie et confort.

**
**
*
**
*

Cela signifie un cadeau d'un pays éloigné.

**
*
**
**
*

Votre infortune est temporaire.

**
**
**
**
*

Montrez à vos enfants les pièges du vice, et ils les éviteront.

**
*
**
**
**

Si vous êtes marié, n'insistez pas trop sur vos prérogatives, mais faites des concessions.

**
**
*
**
**

Ne laissez pas la méfiance porter atteinte à votre bonheur.

**
**
**
*
**

Quand le temps de son séjour dans un pays étranger sera passé, il reviendra.

*
**
**
**
**

De même que le volcan explose quand la matière est comprimée dans son sein, la vengeance d'une nation trouvera une voie de sortie lorsque son peuple aura été trop réprimé.

**
**
**
**
**

La personne qui vous a fait du tort sera abattue à cause de sa méchanceté.

14. Les Os

Le voleur sera peut-être chanceux pour une fois, mais à la fin sa mort est certaine.

Soyez extrêmement prudent dans le choix de vos amis.

Laissez leurs actes mériter les louanges, et la postérité les applaudira.

La récolte d'abondance et de bonheur est prête ; moissonnez-la avec la faux du travail.

Bénissez la mémoire du donateur.

Soyez sur vos gardes en ce qui concerne des événements imprévus.

Soyez satisfait de ce que vous avez maintenant.

Ne faites pas de spéculations inconsidérées.

Attention ! À partir de maintenant, ne jouez pas pour de l'argent qui n'en vaut pas la peine.

Vous avez entièrement compris les fondements de cette requête. Procédez justement, et à la fin vous triompherez.

Si vous êtes prudent, sachez que la fortune attend les généreux dans un autre pays.

Ô homme ! Si vous voulez voir la longueur des jours, renoncez à l'ivrognerie, à la gloutonnerie et à toute intempérance.

La libération du prisonnier est incertaine. Laissez quelque parent s'y intéresser pour son propre compte.

Vous épouserez quelqu'un qui aura goûté auparavant aux douceurs du mariage.

Elle aura un fils qui atteindra un grand âge.

Ces amis sont en bonne santé, ils ont juste eu des nouvelles d'un pays lointain.

Vous avez des ennemis, mais leurs desseins seront contrecarrés.

N'aimez pas l'or au point de devenir un usurier.

Si vous faites attention à acquérir la connaissance, ceci sera un précieux trésor dont personne ne pourra vous priver.

Quand vous serez arrivé à destination, ne perdez pas de temps pour faire votre course, et revenez sans tarder.

Vous allez recevoir des preuves que vous êtes aimé.

Ne croire à aucun conseil sauve celui qui a de l'expérience.

Les talents de ce mari lui vaudront honneur et confiance.

Dans une phase de votre existence, des tentatives seront faites pour vous faire mal voir aux yeux du monde.

On vous prescrit une vie tranquille.

Cela a apporté santé et bonheur.

Ne soyez pas découragé bien que vous soyez englué dans le malheur. Les ennuis seront noyés par la prospérité.

Découragez la fourberie de cet enfant, mais en même temps enseignez-lui la prudence pour qu'il ne soit pas déçu par les autres.

Se montrer patient et indulgent est le grand secret du bonheur matrimonial.

Prenez garde à ce que la jalousie ne devienne pas le fléau du bonheur.

Le voyageur s'en reviendra richement chargé.

Alors que les vents sont calmes et l'an serein, la mer peut s'ouvrir soudainement. Ceux à sa surface seront engloutis.

15. La Ruche

Après une pluie abondante, la récolte le sera aussi.

Vous serez excité par ce compagnon.

Donnez-vous la peine de récupérer la propriété que vous avez perdue.

Faites attention à ce que vous êtes et vous serez sûr d'être couronné de succès.

Testez votre ami avant de lui faire entièrement confiance.

Si cela vous fait plaisir de vous voir ainsi que votre famille passer du confort à la misère, allez-y !

Si vos actes sont mauvais, la postérité détestera votre nom.

Envoyez cette cause devant un jury de compatriotes.

Ne laissez pas vos efforts fléchir et vous serez prospère.

Si vous restez dans votre propre pays, il se peut que vous soyez couronné de succès.

Veillez à ne pas être privé de vos justes droits.

J'ai vu l'homme riche donner tous ses biens par charité et j'ai vu le soleil s'assombrir, mais je n'ai jamais vu les canulars d'un homme s'adonnant à la boisson passer à la postérité.

Ne craignez rien si vous restez prudent.

Accroissement pour le captif infortuné.

Un riche partenaire, mais vraiment un mauvais caractère.

Ils auront un fils qui possèdera de grandes richesses.

Vos amis sont bien, mais ils se font du souci pour vous.

Soyez vigilant et les desseins de ceux qui vous veulent du mal seront déjoués.

Savez-vous ce qui, à court terme, sera le plus profitable pour vous ?

Il est dit que vous allez trouver le bien d'autrui, mais il vous incombe de le rendre à son propriétaire.

Ceux qui sont avec vous vous protégeront.

Donnez d'autres preuves de votre attachement à votre armée, et vous serez payé en retour.

Le patient se réjouira de la longueur des jours.

Beaucoup de personnes de votre sexe vous envieront votre partenaire si avenant et si gentil.

Les rapports calomnieux de vos ennemis n'affecteront pas la stabilité de votre réputation.

Quand vous vous y attendrez le moins, un changement bénéfique interviendra dans votre fortune.

Cela signifie guérir d'une maladie.

Appliquez-vous à améliorer votre fortune, et le succès couronnera vos efforts.

Élevez cet enfant dans le chemin qu'il doit prendre et, quand il sera vieux, il ne s'en écartera pas.

C'est folie que de se marier si vous n'avez que la beauté ou l'amour à donner en partage.

Vivez joyeusement, travaillez avec entrain, veillez, mais ne suspectez pas à la légère.

La richesse, le bonheur et l'honneur seront dans le train de l'étranger qui revient.

16. L'Ancre

Les espoirs d'un retour rapide de l'étranger ne sont pas vraiment fondés.

Ne prenez pas de risques inconsidérément.

Les gouvernements des nations seront changés rapidement.

Votre avancement sera dû à vos propres mérites.

Ne punissez pas le délinquant trop sévèrement.

Quand vous aurez amassé 100 000 €, prenez votre retraite.

Cet ami se montrera assurément fidèle. Est-il votre ami ?

Pourquoi miser votre fortune, votre bonheur, toute votre existence sur un coup de dés ou un tour de cartes ?

Soyez honnête et contentez-vous de l'éloge de vos contemporains.

Soyez votre propre avocat.

Ne manquez pas par votre action persévérante de remplir votre grange avec des graines et votre bourse avec de l'argent, en cas de besoin.

Si vous voyagez, la providence vous protégera.

Si vous prenez possession des biens du défunt, rendez justice à la veuve et à l'orphelin.

Vous câlinerez les enfants de vos enfants.

Après un long emprisonnement, il sera libéré.

Votre partenaire sera un modèle de beauté et de vertu.

Vous aurez un fils qui héritera de toutes les réussites de sa mère et des réussites de son père.

Ne doutez pas que vos amis soient bien : ils savourent les délices d'un repas simple mais copieux.

Les desseins d'un homme qui deviendra votre ennemi ne devraient pas vous affecter.

Suivez la voie qui est tracée.

Vous trouverez assurément quelque chose, mais ce ne sera pas d'une grande valeur pour vous.

Ne traînez pas inutilement sur la route de peur que le danger ne vous surprenne.

Vous êtes aimée, mais ne soyez pas trop sélective au risque de tout perdre.

Il a de la chance, il guérira.

L'esprit et l'aspect du mari seront ceux du renard ; ses pratiques, celles du loup.

On n'accordera pas de crédit à la calomnie qui sera lancée contre vous.

Ne soyez pas épouvanté si l'infortune s'abat sur vous : elle ne vous tiendra pas longtemps compagnie.

Il est dit que vous avez des ennemis qui essayent de vous rendre malheureux.

Vos malheurs ne sont pas si grands. Vos efforts les feront disparaître.

Chérissez les graines de la vertu chez vos enfants, et soyez certain qu'avec des éloges ils moissonneront la récolte du bonheur.

Donnez-vous du mal pour rendre votre partenaire heureux, et vous le serez vous-même.

L'absence ne changera pas les sentiments de l'élu de votre cœur.

17. Le Cœur transpercé

Le cœur de celui que vous aimez fondra pour vous.

Il reviendra bientôt, à la grande joie de tous ses amis.

Une nation du Sud subira bientôt un changement dans son gouvernement, pour du mieux.

Contentez-vous d'un modeste mais propre « chez vous ».

Soyez votre propre ami.

Ne laissez pas l'amour que vous portez à votre réputation vous pousser à de mauvaises actions.

Votre bonheur futur dépendra de vous.

Qu'avez-vous à faire d'un legs ? Soyez travailleur et frugal.

Réfléchissez bien avant de vous aventurer plus avant dans cet arrangement.

Vos propres mérites vous exalteront.

Est-ce que les richesses apportent satisfaction et bonheur ?

Ne pariez pas trop haut.

Ne vous soumettez pas à l'arbitrage, mais passez devant un jury honnête.

Votre voyage sera prospère si vous laissez la prudence vous guider.

Vous serez appelé vénérable. Veillez à ce que votre longue vie soit passée de manière utile.

Les verrous seront tirés, la porte ouverte, et la chaîne sera cassée.

Votre partenaire ne sera pas beau, mais il n'y aura aucune autre cause de répugnance.

Il vous naîtra un fils qui aura beaucoup de puissance.

La santé de votre ami ne nécessitait pas l'aide d'un médecin ; il a attentivement lu une lettre reçue qui lui a donné satisfaction.

Un ennemi essaiera de gâcher vos projets, mais il sera pris dans le filet qu'il avait préparé pour vous.

Ne cherchez ni les honneurs ni les dangers des champs de bataille.

Un compagnon de bonne humeur est un trésor et vos yeux seront enchantés de le regarder.

Les compagnons de vos voyages seront pour vous un bouclier contre chaque danger.

Vous avez l'amour des autres en plus de celui du bien-aimé de votre cœur.

Ne laissez pas le patient être affligé par des anticipations mélancoliques.

Votre mari sera assis à de hautes places.

Des accusations seront lancées contre vous, mais, en son temps, la calomnie sera découverte et punie.

Souvenez-vous des leçons que vous avez reçues à l'école de l'infortune. Elles vous seront utiles quand vous serez prospère.

Cela signifie que vous allez bientôt entendre de bonnes nouvelles.

Soyez patient maintenant et prudent après quelques saisons. Ainsi vous obtiendrez prospérité et bonheur.

Corrigez cet enfant quand il a fait quelque chose de mal, et au final il aura raison de bénir votre nom.

Examinez le tempérament de votre partenaire et s'il est en accord avec le vôtre, soyez sûr que le bonheur sera partagé.

18. L'Urne

Ceux qui observent les vœux prononcés devant l'autel n'ont pas à craindre le malheur.

Ne mettez pas en doute la fidélité de votre amoureux.

Il ne reviendra pas au moment prévu.

La période actuelle regorge d'événements à signification politique.

Cherchez, et vous trouverez.

Ne confiez pas, même à un ami, un secret qui devrait rester dans votre propre poitrine.

Bien que la génération actuelle puisse vous flatter, la suivante peut ne pas être aussi courtoise.

Ne mettez pas votre bonheur dans l'abondance mais dans toutes vos transactions. Conservez votre conscience pure et sans souillure.

Espérez le meilleur.

Ne soyez pas accaparé par le succès qui sera peut-être votre lot.

Le Nil produisait des récoltes abondantes par ses inondations. De même, la bonne volonté d'un ami vous accordera fortune et honneur.

Vos spéculations seront généralement couronnées de succès.

Un coup heureux peut faire votre fortune. Si c'est le cas, ne jouez plus.

Essayez d'arranger tous les différends par l'arbitrage privé d'amis communs.

** * * ** *

Vous demeurerez là où vous résidez maintenant.

** * * * **

Vous vivrez longtemps. Ne laissez pas les années passer sans gloire.

** ** ** * *

Les enchaînés seront bientôt libres.

* ** ** ** *

Un partenaire riche est prévu pour vous.

* * ** ** **

Vous aurez une fille qui aura un noble esprit et des manières aimables.

* ** * ** **

L'ami que vous recherchez est en bonne santé et dort actuellement.

* ** ** * **

Veillez à ce que vos amis actuels ne décident pas de vos honoraires.

** * * ** **

Prenez des médicaments quand c'est nécessaire, mais ne les donnez pas à d'autres.

** * ** * **

Soyez travailleur et n'accordez aucune confiance à de telles fantaisies.

** ** * * **

Ne vous vantez pas sur la route des richesses que vous avez avec vous, de peur qu'elles ne soient convoitées par d'autres.

** ** * ** *

Vous êtes adoré, mais ne perdez pas cet avantage par inattention ou temporisation.

** * ** ** *

Prêtez attention aux instructions données par le médecin traitant.

** ** ** ** *

Votre mari prendra la direction d'affaires de grande importance.

** * ** ** **

Ne donnez pas à la calomnie l'opportunité de blesser votre réputation.

** ** * ** **

Quand vous aurez assez, soyez heureux et ne cherchez pas à augmenter votre bien en risquant davantage.

** ** ** * **

Cela signifie : beaucoup de choses que l'or peut acheter.

* ** ** ** **

Bien que vous soyez pauvre et nécessiteux, n'achetez pas la prospérité par le sacrifice de votre honnêteté et souvenez-vous que la roue de la fortune tourne constamment.

** ** ** ** **

Ne négligez aucune opportunité de cultiver l'esprit de vos enfants, et leur voyage dans la vie sera vertueux et heureux.

19. L'Œil omniscient

Confiez les membres de votre famille au soin de la providence, et elle les protégera.

Un amour mutuel garantit la prospérité et un réel bonheur.

Soyez aussi fidèle à votre aimée qu'elle l'est avec vous, et vous serez heureux.

L'étranger reviendra sans qu'on s'y attende.

L'homme prudent fera des provisions contre tout changement qui peut avoir lieu.

Faites des recherches appropriées, et elles conduiront à la découverte.

Montrez à votre ami, en le traitant bien, que c'est son intérêt de vous être fidèle.

Ne désirez pas atteindre l'immortalité par les vices d'une ambition imprudente.

Ne ruminez pas sur votre infortune, mais donnez-vous du mal pour le futur.

La bonne fortune est en réserve pour vous.

Gardez vos projets pour vous, et ils seront couronnés de succès.

Ne négligez pas les opportunités qui se présenteront à vous, car elles conduiront à l'avancement.

Un partenaire dans cette affaire vous ruinera.

Ne jamais jeter le bon argent après le mauvais.

** * * ** *	*Avec la bénédiction de Dieu, vous aurez gain de cause.*
** * * * **	*Ne vous promenez pas loin de la maison.*
** ** ** * *	*La providence vous surveille et elle assurera vos jours si vous évitez le péché d'ivresse.*
* ** ** ** *	*Dans quelques temps, toute anxiété pour le prisonnier cessera.*
* * ** ** **	*Vous serez extrêmement heureux dans le mariage.*
* ** * ** **	*Vous aurez un fils qui, s'il ne reçoit pas une correction en temps voulu, risque d'être la source d'ennuis pour vous.*
* ** ** * **	*L'objet de votre sollicitude est en bonne santé, autant que vous pouviez le souhaiter, et il est maintenant engagé dans des occupations domestiques.*
** * * ** **	*Attention à la trahison ! On ne peut pas vous en révéler davantage maintenant.*
** * ** * **	*Cultivez vos talents et embrassez une profession soutenue par des honoraires.*
** ** * * **	*Vous pouvez, mais ne soyez pas déçu si ce n'est pas d'une grande valeur.*
** ** * ** *	*Prévoyez de décaler d'un jour plus tôt ou plus tard ce que vous aviez projeté auparavant.*
** * ** ** *	*Votre amour est réciproque, mais des tentatives seront faites pour mettre la dissension entre vous.*
** ** ** ** *	*Pour assurer la guérison, l'esprit du patient doit être gardé de bonne humeur par la conversation de ceux qui sont les plus aimés.*
** * ** ** **	*Vous épouserez un homme de haute naissance, mais avec peu de fortune.*
** ** * ** **	*Laissez la justice et la prudence être les gardiennes de votre réputation.*
** ** ** * **	*Le début de votre carrière sera soumis à des vicissitudes, mais avec l'âge vous goûterez à un bonheur ininterrompu.*
* ** ** ** **	*Faites attention au danger.*
** ** ** ** **	*N'acceptez pas votre infortune en vous tordant les mains et en accusant la justice de la providence. Relevez-vous, et la fortune vous sourira à nouveau.*

20. La Pyramide

Comme la haute colonne est mise en avant par les petites ruines qui entourent sa base, vous sortirez grandi de votre infortune actuelle.

Si vous avez été prudent et juste, votre famille suivra votre exemple et sera heureuse.

La confiance en l'un et l'autre assurera le bonheur.

Le cœur de votre bien-aimé ne trouvera de place pour aucune autre que vous.

L'étranger reviendra le moment voulu.

Si la saison vous est défavorable, appliquez-vous davantage.

Ne désespérez pas de retrouver votre bien.

Ne vous chamaillez pas avec votre ami pour des broutilles, sinon vous perdrez son assistance pour des choses plus importantes.

Que votre cœur reste juste, et vous vivrez jusqu'à un âge avancé.

N'anticipez pas la mauvaise fortune avant qu'elle n'arrive.

L'argent qui vous sera laissé ne rémunérera pas votre anxiété.

Cherchez l'aide d'un homme plus sage que vous-même.

La grandeur est atteinte par la culture appropriée de grands talents, et l'avancement par l'intérêt. Votre sort est entre les deux.

Prenez un partenaire, mais ne vous reposez pas sur vos lauriers.

Visitez une maison de jeux et voyez de vos yeux ceux qui viennent de tout perdre. Alors seulement, commencez à jouer.

Vous ne parviendrez pas à déjouer les dispositifs rusés mis en place par vos adversaires.

Dans un pays lointain, les étrangers vous protégeront et vous chériront.

Ne désirez pas tant la longueur des jours, sinon pour améliorer la qualité de vos jours sur Terre.

Le prisonnier devrait obtenir pardon et grâce.

Par ce mariage, vous aurez bientôt de grands biens.

Votre progéniture sera mâle et femelle ; elle sera le soutien et le réconfort de votre vieillesse.

L'ami sur lequel vous vous renseignez est en excellente santé, il est maintenant en conversation avec un parent.

Un ennemi va essayer de vous tromper, mais son piège sera déjoué.

Suivez vos inclinations.

Le bonheur domestique aura plus de valeur pour vous que les satisfactions de 10 000 mines d'or, d'argent et de pierre précieuses.

Ne soyez pas affolé si vous devez rencontrer le danger. Cela ne vous affectera pas si vous êtes résolu.

Le cœur de votre bien-aimé bat à l'unisson de vos palpitations inquiètes.

Il est inutile de chercher le soulagement par la médecine, à moins qu'elle soit appliquée normalement.

L'homme que vous allez épouser aura une grande puissance. Dites-lui de l'utiliser à bon escient.

Si vous êtes injustement accusé, votre innocence sera confrontée et la calomnie sera confondue.

N'espérez pas traverser la vie sans un mélange de bon et de mal.

Cela présage une union heureuse entre un homme et une femme qui se sont longtemps aimés.

21. L'Étoile

Vos rêves nocturnes présagent une bonne fortune pour vous.

Êtes-vous certain que cela a été volé ?

Votre infortune aura bientôt une fin.

Ne comptez pas trop sur l'amitié de quelqu'un.

Instruisez vos enfants, montrez-leur le bon exemple, et ne craignez pas pour leur bonheur.

Remplissez les devoirs de votre charge et ne faites pas attention à l'inutilité de la réputation future.

Le mariage sera à la fois prospère et heureux.

Si vous continuez à être vertueux, vous serez heureux.

Quelqu'un tentera de vous supplanter dans le cœur de ceux que vous aimez tendrement.

Ne dépendez pas des caprices de l'âge.

L'étranger ne peut pas revenir pour le moment.

Regardez avant de sauter.

La Terre sera fertilisée par des pluies abondantes.

Si vous jouissez de la prospérité et des honneurs, compatissez à l'infortune de vos anciens amis.

Ayez l'œil sur ceux qui mangent votre pain.

Le compagnon des traîtres, escrocs et voleurs, même avec de la fortune, n'est jamais respecté.

Risquez-vous librement dans votre prochaine cause, et les bénéfices couronneront vos souhaits.

Laissez votre destin à la maison ; c'est mieux pour vous.

La longévité est la malédiction de ceux qui ont mal vécu.

Le prisonnier passera encore plusieurs jours en prison.

Vos connexions matrimoniales ne donneront pas beaucoup de bonheur.

Garçons et filles seront la récompense de l'amour que vous vous portez.

Votre ami ne vous rendra pas visite. Il est bien et heureux.

Vous avez peu de raisons de craindre la colère de l'ennemi dirigée contre vous.

Soyez l'ami des défenseurs du pays.

L'un de vos parents trouvera des objets de grande valeur.

Le but de votre voyage sera atteint par hasard.

Le cœur de votre bien-aimé hésite entre vous et une autre ; améliorez les opportunités qui vous seront offertes.

Le patient peut espérer santé et longue vie.

La réputation de votre mari sera exaltée.

Votre innocence vous soutiendra le jour du jugement et la langue de la calomnie sera à jamais silencieuse.

Votre voyage à travers la vie sera d'abord tumultueux, mais la tempête cessera et des vents auspicieux vous transporteront.

22. Le Masque mortuaire

Vous changerez souvent de domicile.

Votre rêve signifie que vous devriez donner quelques biens en charité.

Ne soyez pas désespéré par les infortunes ; elles s'évanouiront comme le brouillard épais est dissipé par les rayons du Soleil vivifiant.

Ce que vous sèmerez, vos enfants le récolteront.

Ne laissez pas des querelles insignifiantes déranger le bonheur du mariage.

Votre bien-aimé ne cessera de prier pour votre retour rapide.

Il reviendra en son temps.

Attendez-vous à une récole abondante.

Le voleur sera démasqué en fin de compte.

Triste est le destin de celui qui s'appuie sur l'amitié et la bonne volonté des autres.

Pendant que vous cherchez à obtenir la renommée, prenez garde que l'infamie ne soit pas votre lot.

De même que le Soleil ravive les fleurs du champ, la prospérité en affaires rendra votre cœur heureux.

Béni soit celui qui espérait peu, car il ne sera pas déçu.

Examinez avec soin si vous ne devriez pas abandonner vos desseins actuels.

Alors que vous bénéficiez des faveurs d'un homme puissant, ne laissez pas votre fierté se gonfler d'orgueil.

Vous serez l'architecte de votre propre fortune ; ne dépendez de personne.

Au début, ne soyez pas aveuglé par votre bonne fortune ; ce n'est que l'appât lancé par le chasseur pour attirer sa proie.

Si vous êtes trompé par le vêtement du dessus, ne jetez pas celui du dessous pour le retrouver.

Ne laissez pas votre désir immodéré d'amasser des richesses vous transporter vers les cieux étrangers.

Ne désirez pas atteindre un vieil âge si l'esprit n'est pas rempli de connaissances. Un malheureux est plus misérable qu'un vieil homme ignorant.

Quelqu'un aura pitié et relâchera le prisonnier.

Vous aurez toutes les raisons d'aimer votre partenaire.

Vous aurez une nombreuse progéniture ; si vous l'entraînez correctement, ses vertus vous récompenseront de votre dur labeur.

Votre ami n'a aucune affection corporelle et s'attend à recevoir une lettre ou des nouvelles de vous.

Dans un futur proche, vous serez victorieux de vos ennemis déclarés.

Vous ne couperez qu'une mauvaise figure dans votre chair.

Ne sollicitez pas les ombres, car vous pourriez bien perdre votre âme.

Si vous rencontrez le danger, faites face hardiment et ne soyez pas découragé par les apparences.

Ne craignez pas qu'un autre vous supplante dans l'affection que vous porte votre bien-aimé.

L'esprit du patient ne doit pas être affligé par l'intelligence lugubre.

Paix et beaucoup de bonheur dans votre mariage avec l'élu de votre cœur.

Agissez avec sagesse, prudemment et honnêtement, et vous pourrez défier le souffle du calomniateur.

23. Le Sablier

Bien peu de personnes échappent à la langue venimeuse de la calomnie.

Vous rencontrerez quelques vicissitudes.

Vous recevrez un message important.

Vos propres efforts vous permettront de surmonter toutes les infortunes qui pourront survenir.

Conduisez vos enfants sur les chemins de la droiture et, quand vous serez parti, ils ne s'en écarteront pas.

Le bonheur dépend uniquement de l'affection et de la patience des deux parties.

Il y a un danger de longue absence.

Des affaires d'importance empêchent son retour immédiat.

Un esprit révolutionnaire est à l'étranger, caché parmi les nations de la Terre.

Soyez patient, et chaque circonstance sera développée.

Si un homme proteste toujours de son amitié à votre égard, finissez par croire à sa sincérité.

Ne flétrissez pas vos lauriers par des actions injustes.

Soyez prudent et juste, et vous serez certainement heureux.

Ne laissez pas la déception gâcher vos efforts dans vos cris.

La fortune vous attend.

Quand vous êtes au zénith de votre puissance, ne laissez pas des actions injustes causer la chute.

Ne donnez pas une grande importance à l'argent dans vos affaires.

Si vous jouez, jouez honnêtement et veillez à ce qu'il en soit de même pour les autres.

Il y a un grand obstacle à votre succès pour des raisons en rapport avec la loi.

L'émigration hors de votre pays natal retardera votre fortune.

Vain mortel ! Que voulez-vous ? Les mèches blanches sont la récompense de la modération et de la vertu.

Essayez d'ouvrir le cachot avec une clé en or.

Soyez prudent, et le mariage se révèlera fortuné.

Elle aura un fils qui sera admiré dans sa jeunesse, et respecté dans son vieil âge.

Vos amis ne souffrent d'aucune affection corporelle, mais ils ne sont pas exempts de soucis concernant des affaires du monde.

Vos ennemis sont sans puissance et indignes à votre égard.

Sur ce sujet, prenez le dernier avis donné par votre meilleur ami.

Pour cela, la fortune ne s'était pas inscrite comme favorite.

Dans ce voyage, n'imaginez pas que, de chaque fourré, un voleur ou un tigre va vous sauter dessus. Poursuivez votre chemin.

Le succès répondra à vos espoirs inquiets si vous êtes discret en la matière.

Une cure rapide dépendra beaucoup de la patience avec laquelle le malade supporte la maladie actuelle.

Votre mari sera un homme bien disposé, avec une maison bien remplie et une ferme bien labourée.

24. Les Clés

Votre mari sera érudit, beau et de bon caractère.

Les calomniateurs seront tôt ou tard frappés par la honte et la disgrâce.

Si vous restez à la maison, il y aura quelques changements.

Votre rêve annonce le malheur de vos ennemis.

Vos infortunes cesseront de vous accabler.

Soyez plus soucieux de léguer la connaissance que les richesses à vos enfants, et ils seront heureux.

Cette union produira votre bonheur.

Ne soyez pas négligente et votre bien-aimé vous restera fidèle.

Le voyageur va revisiter rapidement son propre pays et ses parents.

Le despotisme sera rapidement renversé dans un pays longtemps opprimé par des étrangers illettrés, paresseux et vivant dans le luxe.

Faites des enquêtes minutieuses parmi les membres de votre maison.

Faites confiance aux actions plutôt qu'aux promesses de vos amis.

Les bonnes actions des vertueux seront tenues en estime par la postérité.

Vos infortunes s'évanouiront et vous serez content.

Suivez votre vocation avec application et ne soyez pas un coureur d'héritage.

Réjouissez-vous de la fortune qui vous est allouée.

Si vous profitez des faveurs d'hommes puissants sur la Terre, prenez garde à ne pas être démoli par une langue flatteuse.

Agissez honnêtement et faites confiance à Dieu pour le succès.

Surveillez vos affaires et abandonnez la table de jeu.

Ne donnez pas de grands honoraires dans ce procès.

Vous trouverez un trésor dans un pays lointain.

Si vous êtes modérée dans vos appétits, propre sur votre personne, juste dans vos affaires, l'hiver de votre âge s'écoulera paisiblement.

Le prisonnier ne souffrira d'aucune affection corporelle.

Ce mariage ajoutera à votre bien-être et à votre bonheur.

Elle aura un fils de mauvaise disposition, mais c'est votre devoir de le corriger et de le conseiller.

Votre ami est en bonne santé et pensait faire un voyage.

Vous avez des ennemis qui parlent mal de vous et qui autrement vous blesseraient.

Faites le commerce de livres, et soyez prospère.

Un bon nom se révèlera un trésor d'une grande valeur ; veillez à ne pas le perdre.

Ne demeurez pas en voyage inutilement. Les retards peuvent se révéler dangereux pour votre sécurité.

Un retour d'affection est douteux actuellement, mais la persévérance et l'attention vous assureront le succès.

Laissez l'esprit du malade être apaisé par la gentille attention des amis, et les résultats les plus heureux peuvent être attendus.

25. Le Canope

Le malade peut guérir, mais en cas d'aggravation, il faudra préparer la tombe.

Le caractère de votre mari sera bon et il vous rendra heureuse, si vous ne tentez pas de le commander.

Vous serez prise comme la glace et la neige, vous ne pouvez échapper à la calomnie.

Comme la barque frêle est ballottée sur l'eau, vous le serez sur la mer agitée de la vie, mais à la fin vous atteindrez le havre de la prospérité.

Cela signifie que vous devez prendre garde pour éviter le danger.

Fortune et bonheur imprévus vous attendent.

N'apprenez pas l'avarice aux enfants, et ils seront à la fois satisfaits et heureux.

Le mariage, s'il est entrepris prudemment, est l'état le plus heureux dans lequel l'homme peut entrer.

Ne craignez pas que l'élu de votre cœur ne se montre inconstant.

Il ne restera pas longtemps.

Une nation habituée aux changements devra en subir encore un grand.

Ne blâmez pas votre domestique injustement.

Les amis sont si rares que, quand on en a trouvés, ils doivent être estimés par-dessus tout.

Qu'est ce que la réputation si vous n'avez pas de fortune !

De même que la plante qui s'affaisse est rafraîchie par la rosée du ciel, de même votre cœur sera rendu heureux par une prospérité soudaine.

Divisez votre héritage entre ceux qui ont un droit égal à vous.

Ne faites pas trop confiance à votre bonne fortune actuelle.

N'utilisez aucune bassesse pour avoir de l'avancement, vous serez élevé sans avoir à y faire appel.

Les yeux d'un maître valent plus que ses deux mains.

Evitez toutes choses qui ressemblent à l'enfer.

Vos attentes en matière de loi sont vaines ; vous ne serez pas couronnée de succès.

Attendez un destin favorable à la maison.

Ce n'est que pure vanité de désirer une longue vie si vos habitudes quotidiennes tendent à la détruire.

Chérissez et supportez le pauvre captif qui sera bientôt libre.

Cette union vous rendra parfaitement heureux.

Vous serez béni de fils et de filles, mais n'oubliez pas que l'arbre a gardé la forme qui lui a été donnée lorsqu'il était jeune.

Un léger désordre a affecté la personne dont vous vous préoccupez, mais cela passera rapidement.

La flèche tirée sur vous par un ennemi secret retombera sur sa propre tête.

Si vous aimez le chou, utilisez l'aiguille.

Les trésors sont rarement trouvés ; ne perdez pas de temps à les chercher !

Comportez-vous comme ceux que vous avez rencontrés lors de votre voyage, et vous rencontrerez peu de désagrément.

Vous atteindrez en son temps un grand bonheur dans cette affaire, plus que vous ne vous risquiez à l'espérer.

26. La Harpe

Il y a beaucoup d'harmonie dans l'amour que vous et l'élu de votre cœur vous portez mutuellement.

Le malade guérira assurément de sa maladie actuelle.

Votre mari sera riche, mais son but sera toujours d'être au-dessus de vous.

Les médisances de vos ennemis n'affecteront pas votre caractère.

Peu de vicissitudes vous attendent.

L'interprétation est que si vous constatez un défaut dans votre propre conduite, vous ne devez pas perdre de temps pour la corriger.

Ne répugnez pas à faire des rencontres. Ce que vous estimez maintenant être une infortune tournera bientôt à votre avantage.

Instillez l'honneur et l'honnêteté dans l'esprit de vos enfants et ne craignez pas pour leurs prospérité et bonheur.

Ne laissez personne interférer dans les discussions domestiques. Si vous les laissez seules, les parties s'apaiseront, et elles seront heureuses.

N'oubliez pas de garder une relation épistolaire avec votre bien-aimé.

Faites les préparations pour son retour rapide de l'étranger.

Là où l'oppression règne, où les pleurs mouillent la Terre, le fermier une fois libéré s'assiéra sous son figuier pour fêter l'abondance retrouvée.

N'accusez pas l'innocent inconsidérément.

Si vous êtes rejoint par quelqu'un pour ensemble agir méchamment, ne vous attendez pas à ce qu'il soit loyal envers vous.

Les applaudissements du méchant ne sont pas profitables, mais les louanges du juste sont comme le miel de la ruche.

Corrigez en vous-même les fautes que vous voyez chez les autres, et vous serez heureux.

Le legs qui vous sera donné ne vous profitera pas beaucoup si vous le dépensez inconsidérément.

Ne perdez pas vos biens par des spéculations hâtives.

Ne soyez pas servile dans l'adversité, ni despotique dans la prospérité.

Oui, si vous agissez fermement. Évitez les lieux de dissipation.

Mieux vaut passer son temps à dormir qu'à se ruiner soi-même ou les autres.

Essayez de régler toutes les différends de manière privée.

Risquez-vous sur l'océan sans crainte.

Le vieil homme méchant est un misérable qui goûte à l'enfer. Voulez-vous être comme lui ?

Rendez visite au prisonnier qui est dans le malheur. Son chagrin se changera bientôt en joie.

Vous épouserez une personne de grande valeur qui héritera de biens considérables.

Comme le chêne protecteur est encerclé par le lierre fragile, un grand nombre de fils et filles réclameront votre regard paternel.

Votre ami est en bonne santé à l'heure actuelle, il est entrain de faire la charité.

Agissez prudemment, et vous triompherez sans doute d'un ennemi puissant.

Etudiez deux affaires dans lesquelles des mains sont principalement employées ; réfléchissez une semaine, et suivez celle dont vous avez rêvé.

Soyez aussi travailleur que vous êtes maintenant avide, et de grandes richesses seront votre récompense.

Ne soyez pas affecté par les petits inconvénients que vous rencontrerez. Si vous deviez être assailli par de réels dangers, vous ne pourriez y faire face.

27. La Corne d'abondance

Partez bien armé et équipé, ne vous disputez pas avec vos compagnons en chemin, et votre voyage sera agréable et prospère.

Le malade guérira assurément de sa maladie actuelle.

Le désordre du malade conduira à un remède approprié.

Vous serez unie à un homme dont le teint est sombre mais avec de hautes fonctions.

Les médisances de vos ennemis retourneront sur leurs propres têtes.

La prospérité succèdera à l'infortune.

Cela signifie que votre conduite exige un amendement.

Ne craignez pas que l'infortune continue à vous poursuivre.

Ceux pour lesquels vous vous angoissez seront prospères et heureux.

Laissez chacun faire des concessions sur des broutilles, et tous les deux seront heureux.

Ne donnez pas à votre bien-aimé une raison de vous être infidèle.

Il faut qu'il reste à l'étranger pour une courte saison.

L'air qui a été pendant longtemps rempli des soupirs de l'oppression, résonnera bientôt des cris de liberté.

Soyez secret et examinez chaque personne individuellement.

Si vous vous attendiez à ce qu'un compagnon de méchanceté se révèle un ami fidèle, vous serez déçu.

Ne vous lancez dans aucune entreprise avant d'avoir bien considéré si elle contribuera à votre honneur.

Évitez les grondements de vos ennemis.

Bien que vous ayez hérité de biens par testament, soyez travailleur et frugal.

Si vous avez assez de biens terrestres, alors soyez satisfait et ne courez aucun risque.

L'intérêt vous procurera de l'avancement avec grande responsabilité.

Évitez les cartes, les femmes, et à la fin vous prospérerez.

Vos risques sont grands, la chance de gagner est petite et, en fin de compte, peut-être que vous perdrez tout.

Votre gain, au mieux, sera insignifiant.

Soyez ferme dans votre résolution de rentrer dans votre pays natal.

Acceptez que vos enfants et votre famille puissent veiller sur vous et vous protéger quand l'âge vous usera et que vos facultés vous feront défaut.

Le prisonnier sera libéré, mais qu'il se garde de retourner dans les griffes du pouvoir.

Vous aurez un partenaire honorable, jeune et beau.

Vous aurez des fils. Entraînez-les dans leur jeunesse sur le chemin qu'ils doivent suivre et, quand ils seront vieux, ils ne s'en écarteront pas.

Votre ami est en pleine santé, mais pas complètement privé de soins.

Veillez à ce que votre conduite soit telle que les hommes vous aiment et non vous détestent.

Choisissez un métier dans lequel les mains, plutôt que la tête, sont utilisées.

Si vous trouvez un trésor, dites à votre langue d'être silencieuse, et veillez à faire bon usage de vos richesses.

28. La Charrue

Si vous bêchez vos champs avec la charrue du travail, vous trouverez un trésor qui le récompensera.

Votre voyage sera prospère.

Vous pouvez espérer gagner une place dans le cœur de celui ou celle que vous aimez.

La douleur dont le malade est affligé sera bientôt terminée.

Votre mari sera élevé à un haut poste.

Vos calomniateurs sont occupés à vous blesser, mais leurs tentatives seront déjouées.

De grandes vicissitudes vous attendent, mais elles n'affecteront pas beaucoup votre fortune future.

La signification est que la chance arrivera.

Les infortunes peuvent être votre lot au début, mais en fin de compte, ce sera paix et bonheur.

Ne manquez pas d'instruire vos enfants de toutes les connaissances qui peuvent être convenables, ils en profiteront certainement en fin de compte.

La patience mutuelle est le plus grand bien d'un mariage heureux.

La tendresse de l'être que vous aimez ne sera placée sur personne d'autre que vous.

Il reviendra avec abondance de richesses et de connaissances.

Celui qui a gouverné sur les rois de la Terre et a terrifié les nations par le bruit des armes sera humilié et rapidement abattu.

Soyez sûr de vos raisons avant de commencer des poursuites.

Ne choisissez vos amis que parmi les vertueux et redoutez la trahison.

L'approbation du créateur est plus profitable que les applaudissements vides des hommes.

Soyez sélectif dans le choix de vos amis, et le futur sera plus heureux que le passé.

Bien que vous ayez hérité de maisons et de terres, quel est l'avantage si vous n'êtes pas prudent ?

Des obstacles vont se présenter, dont vous n'aurez pas rêvé !

Soyez honorable et honnête dans vos actions, et vous serez promu.

Vous trouverez le bénéfice de ne jamais donner ni prendre un long crédit.

Cessez de jouer quand l'horloge sonnera midi. Après cette heure, la chance vous quittera.

Est-ce que vous espérez récupérer l'huile alors qu'elle est en flamme ? Ne pensez pas non plus à sauver vos biens du feu de la loi.

Vous visiterez des régions éloignées où l'or abonde. Dans cette prospérité, n'oubliez pas la veuve et l'orphelin.

Ce n'est pas convenable de désirer un vieil âge si vous vous abandonnez trop librement à vos appétits charnels.

La captivité, l'anxiété, l'attente, la liberté et la joie se succéderont rapidement.

Vous épouserez votre égal en valeur et fortune. Soyez content et heureux.

De même que les roses fleurissent sur l'arbre mère, de même fils et filles vous honoreront par leur beauté.

Les objets de votre enquête anxieuse vont bien : ils sont également soucieux en ce qui concerne votre bien-être.

Vous serez envié, et vous vous soucierez toujours de pouvoir l'être.

Ne choisissez pas une affaire qui dépende du caprice et du luxe de l'époque dans laquelle vous vivez.

29. Le Soleil

Souvent des hommes, dans de basses circonstances, se sont élevés aux postes les plus élevés par leur travail. Allez et faites de même.

Ne perdez pas votre temps à courir après un trésor caché.

La prospérité accompagnera vos voyages, mais vous devrez toujours être prudent.

Réjouissez-vous : vous êtes vraiment aimé.

Le désordre du malade sera bientôt allégé grandement.

Votre mari aura de grandes richesses.

Laissez votre réputation être basée sur la vertu, et vous n'aurez pas besoin de craindre les flèches haineuses de la calomnie.

Ne craignez pas que la fortune vous abandonne.

Cela signifie gentillesse et charité envers vos amis pauvres.

Après la pluie, le beau temps.

Comme vous espérez le bonheur pour vos enfants, laissez-les sur les chemins de la vertu et de l'honneur.

Des infortunes peuvent obscurcir l'aube du mariage, mais le soir sera serein et heureux.

Ne mettez pas en doute les vœux d'amour qui vous ont été faits.

Une circonstance certaine empêche son retour immédiat.

Ceux qui ont longtemps soupiré après la liberté l'obtiendront bientôt.

Ne jamais boire jusqu'à ce que le jeu se termine.

Si vous avez découvert le voleur, veillez à ce que la punition soit proportionnelle au crime.

En vérité, c'est vanité pour vous d'espérer le succès de ce procès.

Si vous vous attendez à ce que votre ami soit fidèle, soyez loyal envers lui.

La fortune vous favorisera dans votre propre pays.

Si vos actes sont justes, ne craignez pas que les générations futures gardent votre mémoire en estime.

Longévité et plaisirs sensuels sont incompatibles. Ne pensez pas à profiter des deux.

Le bonheur d'un homme dépend entièrement de la compagnie qu'il a.

Le prisonnier s'échappera à la longue et triomphera de ses ennemis.

Ô homme ! N'oublie pas que les biens dont tu as hérités ne sont pas ton mérite ; alors souviens-toi du pauvre dans les jours de prospérité.

Vous épouserez une personne avec laquelle vous aurez beaucoup de confort.

Avant de faire construire, calculez le coût de votre maison.

Vous aurez trois adorables filles ; instruisez-les et surveillez-les comme la prunelle de vos yeux.

Votre renommée sera élevée au-dessus de celle de votre ami.

Votre ami bénéficiera de la santé et du bonheur ; il est entrain de compter de l'argent.

Levez-vous tôt, faites attention à vos affaires, soyez régulier dans vos comptes, et prospérez.

Ne faites pas attention aux tentatives des faibles et des impuissants qui essaient de vous faire du mal.

30. La Dague

Vous avez des ennemis qui, s'ils ne sont pas retenus par la crainte de la loi, vous plongeront un couteau dans le cœur.

La baïonnette du soldat a parfois cédé la place au bâton de la justice.

Le trésor que vous trouverez sera un partenaire dont le cœur affectueux partagera votre bonheur et apaisera tous vos chagrins.

Aucune malchance ne vous arrivera.

Il n'y a aucun manque d'égard de la part de votre bien-aimé.

La maladie du patient conduira à des remèdes appropriés.

Vous épouserez un homme qui a des biens.

On parlera de vous en bien.

Soyez prudent, et vos vicissitudes vous mèneront près du bonheur qui vous est destiné.

Cela annonce un danger si vous n'êtes pas prudent.

Les rides de votre front seront dissipées par les effets de la fortune et du bonheur.

Retenez vos enfants quand ils se laissent aller à de mauvaises choses. Quand ils deviendront pères, ils béniront votre nom.

Ne craignez pas que l'infortune touche votre mariage.

Votre propre fidélité et celle de votre bien-aimé seront récompensées par le bonheur.

L'étranger reviendra, mais pas rapidement.

La tyrannie sera bientôt engloutie dans les abysses de votre propre iniquité.

C'est seulement par la persévérance que vous récupérerez vos biens.

Si vous demandez conseil à votre ami, ne lui racontez pas l'histoire à moitié de peur que, en lui cachant la chose, vous en souffriez à la fin.

Votre nom sera cité comme un modèle pour les générations à venir si vous êtes le bienfaiteur de l'humanité.

Évitez les repaires des méchants et soyez heureux.

Vos propres acquisitions se révéleront beaucoup plus douces que le plus grand héritage.

Soyez extrêmement prudent dans vos spéculations actuelles.

Soyez loyal dans votre charge actuelle, et on vous confiera des affaires de grande importance.

L'homme travailleur est rarement l'homme riche.

Limitez-vous aux jeux dont vous triompherez de votre rival par ingénuité et fair-play.

Vous obtiendrez bientôt ce que vous n'attendiez plus.

Si vous partez loin à l'étranger, vos parents à la maison n'agiront pas justement ; ne vous attardez pas en chemin.

La vieillesse ne commande jamais le respect, sauf si elle est alliée à la vertu. Voulez-vous être vieux et délaissé ?

Le prisonnier vivra pour voir ses ennemis punis.

Votre partenaire traversera tous les dangers pour vous.

De même que les parents donnent de la nourriture aux pousses qui partent sur les côtés, de même fils et filles ont besoin de secours et de protection.

Ne craignez pas pour la santé de vos amis : ils attendent que vous leur envoyiez quelques petites choses qu'ils puissent garder en souvenir.

31. Le Château

*
*
*
*
*

Vos amis vont bien et dorment profondément dans le château de la satisfaction et du bonheur.

* *
*
*
*
*

Vos ennemis ne pourront pas vous faire du mal.

*
* *
*
*
*

Faites un gros effort pour vous assoir sur le sac de laine.

*
*
* *
*
*

Ce ne sera pas votre destinée de trouver des trésors cachés.

*
*
*
* *
*

Laissez la prudence être votre guide quand vous attendez la fin de votre voyage en sécurité.

*
*
*
*
* *

Le bien-aimé de votre cœur vous adore en secret.

* *
* *
*
*
*

Laissez utiliser tous les moyens pour restaurer votre bonne santé.

*
* *
* *
*
*

Le bon caractère de votre mari vous rendra heureuse.

*
*
* *
* *
*

Ne perdez pas votre temps à chercher chaque homme de bonne réputation.

*
*
*
* *
* *

L'homme qui est né de la femme est né pour tourmenter.

*
*
* *
*
* *

Cela signifie que vous ne devez pas faire confiance à un autre pour des affaires que vous pouvez faire vous-même.

*
* *
*
* *
*

Ne laissez pas l'infortune vous décourager, mais préparez-vous à des temps plus heureux.

* *
*
* *
*
*

Quand l'homme intègre reposera sous terre, le bonheur et la prospérité accompagneront sa descendance.

*
* *
*
*
* *

Un mariage basé sur l'avarice est rarement heureux.

Consultez votre cœur pour savoir si vous devez exiger un vœu de fidélité.

L'étranger reviendra bientôt.

Les ailes de l'aigle du Nord seront rognées et ses serres émoussées.

Il est nécessaire que vous supportiez cette perte avec courage.

Un seul acte d'amitié désintéressé devrait annuler le souvenir de milliers de points faibles.

Ne faites pas un mauvais usage de la puissance que le Seigneur vous a donnée, et votre nom sera salué avec ravissement dans le futur.

Votre infortune va bientôt prendre fin.

N'ayez pas peur : votre propre travail vous procurera une pension suffisante.

Laissez la prudence et la justice être vos servantes, et vos entreprises seront couronnées de succès.

Ne donnez pas de coup de pied dans l'échelle qui vous maintient debout.

Un euro épargné est un euro gagné ; un mot dans l'oreille du sage est suffisant.

Ne faites pas d'hypothèque pour payer une dette de jeu.

Votre espoir est vain, la justice est aveugle à vos plaintes et la fortune vous boude pour le moment.

Les richesses que vous avez gagnées à l'étranger, distribuez-les avec justice et charité à la maison.

Pour atteindre la vieillesse, vous devez éviter les causes de mort prématurée.

La liberté sera bientôt donnée au prisonnier.

Un partenaire beau et de bonne nature, un sac d'or et un équipage.

Vous aurez un fils qui ne décevra pas les espoirs que vous nourrissez à son sujet.

32. La Lune

Votre femme vous bénira avec une grande descendance et sera comme l'astre de la nuit parmi les étoiles du ciel.

Ceux pour lesquels vous vous inquiétez sont bien portants ; ils savourent maintenant les délices de la conversation.

Vous posséderez, et ne craignez pas qu'ils aient la puissance de vous nuire.

Écrivez sur votre porte : « Ici on rend coup pour coup ».

L'or et l'argent qui avaient été enterrés seront à jamais cachés à votre vue.

Si vous partez de chez vous, il ne vous arrivera rien.

Votre amour sera payé de retour.

Tant qu'il y a de la vie, il y a de l'espoir. Ne laissez aucun moyen de côté pour guérir la maladie.

Vous épouserez un homme honorable.

Votre réputation sera dans une faible mesure affectée par le dénigrement.

Beaucoup de biens seront présentés à vos yeux.

Cela signifie que si vous remettez au lendemain, le malheur s'occupera de vous.

Votre infortune d'aujourd'hui devrait être votre professeur de demain. Prenez garde, et la prospérité viendra.

Pour être heureux, il est nécessaire d'être vertueux. Enseignez ceci à vos enfants, et cela leur profitera.

Ne vous souciez pas de l'abondance de l'or et de l'argent de votre partenaire. Faites confiance à la vertu et à la prudence ; le mariage sera heureux.

Ne pariez pas trop sur les sentiments si l'être auquel vous vous intéressez s'est déjà montré changeant.

Le retour de l'étranger sera salué avec joie.

L'ouragan de la révolution fera rage sur la Terre pour un temps mais, à la fin, paix et abondance se répandront dans les nations.

Quand vous aurez récupéré vos biens, faites-y attention à l'avenir.

Ne laissez pas des personnes intéressées avoir tant de pouvoir sur vous qu'elles causent la méfiance ou la discorde entre vos amis et vous.

Ne laissez pas votre désir de rendre votre nom immortel vous pousser à des actes de cruauté et de félonie.

Bonheur et pauvreté sont tout bonnement parents. En conséquence, ne vous rendez pas malheureux pour des broutilles.

Ne laissez pas la fortune vous tourner la tête quand elle arrivera.

Ne faites pas confiance aux apparences trompeuses.

De bonnes actions vous élèveront à un rang honorable.

N'enviez pas votre voisin laborieux, suivez plutôt son exemple.

Attention au jeu déloyal !

Est-ce que le loup abandonne gentiment sa proie ? Comment donc comptez-vous tirer vos biens des griffes de l'homme de loi ?

Ne craignez pas ce voyage, il sera prospère.

Laissez la modération être votre nurse et le travail votre médecine. Ainsi la santé vous accompagnera jusqu'à un âge avancé.

Liberté pour le prisonnier !

Votre partenaire possédera des maisons et des terrains.

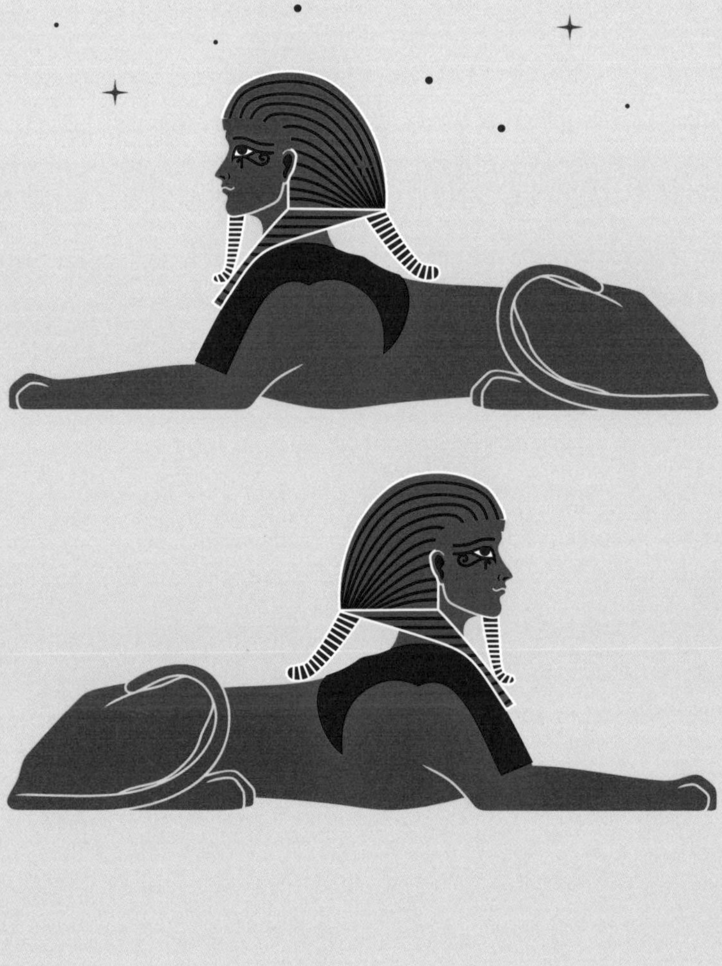

Comment moderniser les questions désuètes

Les catégories d'oracles

L'oracle de Napoléon a probablement été conçu ou adapté durant la première partie du XIXe siècle. Cette époque n'est plus la nôtre et les préoccupations ont changé. Cependant, il appartient à la précieuse catégorie des oracles « fermés ».

Un oracle ouvert est constitué de symboles correspondant à différents thèmes et n'a pas de structure fixe. En général, ce type de jeu divinatoire couvre la plupart des domaines de la vie en multipliant les mots-clés. Leur caractéristique principale est de permettre l'ajout de symboles sans les déstructurer. Un oracle qui prendrait les cristaux ou les plantes comme thème fait partie de cette catégorie. Il sera toujours possible d'introduire d'autres minéraux ou plantes en les associant à de nouveaux mots-clés.

Un oracle fermé fonctionne différemment. Si on ajoute un symbole, toute sa structure s'effondre. Par exemple, pour la géomancie, le mode de construction des figures en limite le nombre à 16. Si l'on en souhaite davantage, il faudra changer le fondement de l'oracle. Il en va de même pour les runes[1]. Chacune étant liée à une partie des Eddas[2], vouloir les compléter n'est pas possible d'un point de vue divinatoire. Plusieurs alphabets runiques se sont succédé, mais le Futhark ancien semble être la référence pour le système divinatoire et magique.

---

1. Anciennes écritures formées de signes (ou runes) utilisées par les peuples germaniques entre le IIIe et le XVIIe siècle.

2. Compilations de poèmes mythologiques.

Une autre caractéristique différencie un oracle fermé d'un oracle ouvert. Ce dernier représente une partie d'une cosmogonie alors que l'oracle fermé la reflète dans sa totalité. Autrement dit, les symboles d'un oracle fermé figurent l'ensemble des choses crées et incréés du monde. Il est évolutif dans son interprétation, pas dans sa structure. La structure d'un oracle fermé est toujours construite sur un modèle de la création du monde, quelle que soit sa culture.

L'oracle de Napoléon se base sur des figures constituées de 5 lignes d'étoiles, avec un nombre d'étoiles pair ou impair. Il est impossible de modifier sa structure sans le dénaturer totalement. Il est donc vain d'y introduire des constellations, des questions ou des hiéroglyphes supplémentaires, car il est basé sur le chiffre 32, celui du nombre maximal de combinaisons, paires et impaires sur cinq lignes. Ajouter une ligne aux figures multiplierait leur nombre par deux. Et la structure d'un oracle à 64 figures de 6 lignes existe déjà avec le Yi King.

Comme l'oracle de Napoléon est un oracle fermé, il représente toute la création. Il est donc à interpréter en fonction de l'époque actuelle, et non celle de sa « création », car il est intemporel.

Au temps de Napoléon, Internet et le Wifi n'existaient pas. Même si la société, la technologie et les mœurs ont évolué, il n'est pas possible d'ajouter des figures ou des questions. En revanche, il est important d'élargir les significations, les analogies, des figures existantes pour les adapter à notre époque.

Élargir le sens des questions

Les 32 questions doivent demeurer et leur sens global restera identique, mais il est souhaitable d'en étendre la portée à nos préoccupations actuelles. Voici quelques explications sur chaque question, issues de l'expérience.

Comment sera mon partenaire ?

La question ne porte pas sur le mariage, sauf si la réponse vous y encourage. Le partenaire peut être purement sexuel comme il peut être considéré dans une relation à long terme. La question pourra donc porter sur l'autre personne du couple, qu'elle soit un homme ou une femme, que la relation soit engagée ou non.

Aurai-je un fils ou une fille ?

La question est difficile et dépend du contexte. Il était autrefois important d'avoir un garçon pour avoir un héritier et perpétuer le nom. Aujourd'hui, la question cache souvent d'autres enjeux. Par expérience, la réponse éclaire souvent plus le caractère que la génétique. Si l'oracle désigne un garçon mais que vous avez une fille, prévoyez que celle-ci aura un tempérament très masculin, dynamique et peut-être un brin fatigant.

Comment est mon ami ?

Cette question concerne les amitiés et autres relations non amoureuses (sauf si la réponse révèle des sentiments cachés). Elle permet de savoir dans quelles dispositions se trouve une personne. Est-elle malade ? L'ami est-il réellement un ami ? Etc.

Dois-je me méfier de mes ennemis ?

Les ennemis sont comme les boutons : tout le monde en a, plus ou moins, mais selon le moment ou la situation, ils peuvent être problématiques ou pas.

La réponse permet surtout de savoir s'il faut s'inquiéter de quelqu'un ou si, au contraire, l'ennemi aboie plus qu'il ne mord.

Que dois-je faire ?

Cette question est assez mystérieuse. Elle semble donner des indices sur la manière de se sortir d'une impasse matérielle. La réponse n'est pas à prendre au pied de la lettre, elle permet de trouver des pistes de réflexion.

Quel métier dois-je exercer ?

La question est claire et parle d'orientation professionnelle. Bien sûr, la réponse est à adapter à l'époque. Si l'oracle vous propose d'exercer le métier de barbier, élargissez le sens aux professions de l'esthétique.

L'association marchera-t-elle ?

L'association est ici à caractère pratique ou financier, et non sentimental. La question peut être élargie à « Comment choisir le bon associé ? ».

Cette personne m'aime-t-elle ?

La question est clairement orientée vers la sphère sentimentale. Ne demandez pas si votre patron apprécie votre travail... Mais s'il vous apprécie sentimentalement, vous serez au courant !

Le patient guérira-t-il ?

Les réponses à cette question peuvent être expéditives. Elles sont toujours à relativiser, car, au XIXe siècle, la médecine n'était pas encore ce qu'elle est aujourd'hui. Il m'est arrivé d'avoir une réponse alarmante, pourtant, après une opération chirurgicale banale (aujourd'hui), la situation s'est très bien terminée.

Comment sera mon mari ?

La place de la femme a évolué. Par « mari » entendez plutôt compagnon ou compagne. Au XIXe siècle, les unions n'étaient pas forcément heureuses, mais elles étaient plus simples à interpréter : pas de vie commune, pas de bébé sans mariage, etc. Aujourd'hui, l'évolution de la société fait que « mari » désigne toute personne avec laquelle vous vivez une relation engagée, quels que soient le type d'engagement (vie commune, bébé, emprunt immobilier commun, etc.) et son sexe.

Mon projet se réalisera-t-il ?

La question est explicite, mais la réponse sera parfois donnée sous forme de conseil. Par expérience, quand il s'agit d'une recommandation, c'est que vous faites fausse route et l'oracle vous encourage à revoir votre copie.

Mon argent me reviendra-t-il ?

La question est financière, mais uniquement si vous traversez une mauvaise passe. Si votre question porte sur une augmentation de salaire pour pouvoir partir en vacances, elle n'est pas adaptée. Si l'augmentation doit vous permettre de vivre plus décemment, alors vous aurez la réponse.

Que signifie mon rêve ?

Il arrive que l'on fasse des rêves si intenses que le réveil nous laisse dans un état second : nous ne sommes pas sûrs d'être réellement sortis du sommeil. Ce sont ces rêves qui doivent faire l'objet de cette question, et pas les rêves moins prégnants.

Serai-je riche ?

Si la question est simple, il faut adapter la réponse à votre statut socio-professionnel pour ne pas rêver au-delà de ce qui est décemment concevable.

Comment bien élever mes enfants ?

« Élever » signifie « amener plus haut ». La réponse donnera des indices sur l'attitude à adopter envers l'un ou l'autre de vos enfants. Si vous ne précisez rien, la réponse sera générale pour tous vos enfants. Si vous posez la question pour un enfant en particulier, la réponse ne concernera que lui, même si celle-ci indique « vos enfants ».

Serai-je heureux en couple ?

La question est centrée uniquement sur vous et sur la manière dont vous allez vivre le couple. Parfois l'oracle donne un conseil. Comme pour la question des projets, il use de diplomatie pour vous inviter à changer de comportement.

Mon partenaire est-il fidèle ?

Par expérience, cette question peut être étendue à tous les types de partenaires. Il peut donc s'agir d'un partenaire sentimental, commercial, associatif, etc.

L'étranger reviendra-t-il ?

Cette question revêt moins d'importance aujourd'hui, mais il m'est arrivé de l'utiliser en consultation pour prédire le retour d'un amant parti sans donner de nouvelles.

Connaîtrai-je la victoire ?

Cette question peut être posée pour toute circonstance où il y a lutte (combat, influence, procès, etc.).

Vais-je récupérer ce qu'on m'a volé ?

La question est claire, mais la réponse ne l'est pas toujours. Souvent l'oracle reste évasif et diplomate dans les cas où le bien ne sera pas récupéré.

Puis-je avoir confiance en cet ami ?

« La confiance n'exclut pas le contrôle » dit le proverbe. Cette question permet de vérifier si les belles paroles d'un « ami » sont sincères.

Connaîtrai-je la postérité ?

Voilà une question que se posaient beaucoup d'hommes destinés à mourir jeunes sur les champs de bataille. Aujourd'hui, elle est à prendre au pied de la lettre, mais c'est une question qui ne se pose qu'une fois dans une vie. J'encourage donc le lecteur à interroger l'oracle dans un cadre ritualisé pour que la séance de divination se déroule dans les meilleures conditions.

Que faire pour être heureux ?

Si vous posez la question, c'est que vous n'êtes pas heureux. La réponse sera donc un conseil à appliquer et toujours agréable à entendre.

Vais-je avoir un héritage ?

Les héritages sont toujours compliqués. Cette question n'a de sens que si elle est posée dans un cadre logique. Si vous êtes enfant unique sans problèmes familiaux, ne tentez pas le sort en la posant.

Vais-je réussir dans ce que j'entreprends ?

Voici la question que se posent tous les jeunes entrepreneurs ou les chefs d'entreprise devant de nouvelles perspectives. La réponse est souvent très pertinente. Je l'utilise lorsque je dois choisir un nouvel axe de développement pour ma société, avant de lancer un nouveau produit ou une nouvelle formation.

Aurai-je de l'avancement ?

Comme souvent, l'oracle donne parfois une réponse, parfois un conseil. Si c'est un conseil, la réponse est plutôt négative.

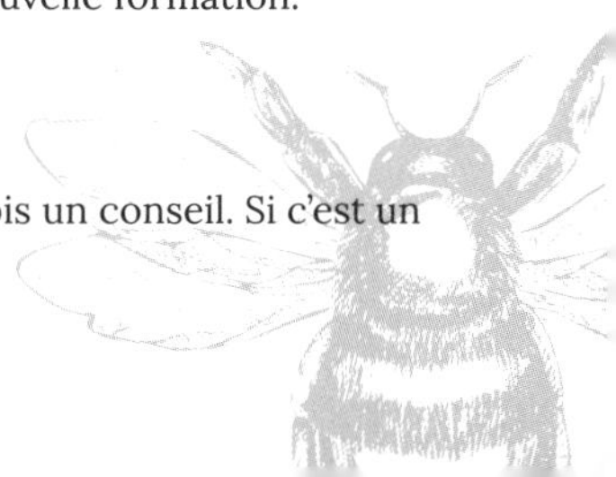

Vais-je gagner à la loterie ?

Restons logiques et réalistes. Entendez par « loterie » tout ce qui touche à des jeux d'argent. La réponse vous indiquera parfois une réponse claire, parfois un conseil pour vous orienter vers des jeux où vos chances seront meilleures.

Vaincrai-je mes adversaires ?

Ici, il est question de lutte contre un ennemi déclaré, et non d'une attaque éventuelle. Vous êtes donc déjà dans un processus de défense. Cette lutte peut être familiale, notariale, commerciale, etc.

Gagnerai-je mon procès ?

Cette question reprend la thématique de la question précédente mais en l'orientant clairement vers les batailles juridiques.

Aurai-je du succès à l'étranger ?

L'herbe est-elle vraiment plus verte ailleurs ? Cette question permet d'y répondre, mais pas uniquement dans le cadre d'un pays étranger. Elle est valable pour tout changement important, y compris dans un cadre familial, professionnel, géographique, etc.

Comment sera ma vieillesse ?

Comme pour la postérité, cette question n'est pas à poser tous les jours. Faites-le dans un cadre ritualisé et ne reposez la question que si quelque chose d'important a changé dans votre vie.

Le prisonnier sera-t-il bientôt libre ?

Une prison n'est pas uniquement une cellule pénitentiaire. Le terme peut aussi désigner une situation dans laquelle vous vous sentez piégé. La question peut donc concerner la vie de couple, un travail, une maison, etc.

Les différentes techniques de tirage

La technique « officielle » tirée du *Livre du Destin* consiste à interroger l'oracle en projetant des points sur une feuille de papier, mais il en existe bien d'autres. Le mode d'interprétation ne change pas en fonction de la méthode utilisée, mais l'oracle est clairement un dérivé de la géomancie et, selon la culture dans laquelle elle est pratiquée, les méthodes de tirage vont différer.

Au Moyen-Orient (et aujourd'hui en Occident), on utilisera plus volontiers les points projetés sur une feuille, tandis qu'en Asie on aura plutôt recours à des pièces de monnaie ou à des tiges d'achillée.

Sur le continent africain et dans les peuplades mongoles, la part belle sera donnée aux cauris ou au jeté de fèves. Essayez-les pour trouver la méthode qui vous correspond le mieux.

Les méthodes peuvent également être choisies en fonction des circonstances ou des questions. Pour une question urgente, j'utiliserai plus facilement les points sur une feuille, car je ne me déplace pas systématiquement avec tout mon matériel. Ainsi, où que je sois, je peux interroger l'oracle. Je réalise la figure sur le moment, lorsque l'inspiration surgit, puis je l'interprète avec les tableaux en rentrant chez moi.

En revanche, pour une question de grande importance, j'utiliserai plutôt les tiges d'achillée puisqu'elles demandent plus de temps et de concentration que les autres techniques. Je peux alors ritualiser le tirage, entrer dans un espace sacré où seuls ma question et moi-même existons.

Libre à vous de pratiquer comme vous le souhaitez et de vous adapter à la situation.

Le tirage par les pièces de monnaie

Une technique de tirage, celle-ci fort simple, consiste à jeter trois pièces de monnaie cinq fois de suite et de convertir le nombre de côtés pile et face en points pairs ou impairs.

Toutes sortes de pièces peuvent être utilisées, mais elles devront être rigoureusement identiques. Mieux vaut les réserver à cet usage divinatoire et les préserver des influences extérieures en les plaçant dans une étoffe ou une boîte prévue à cet usage.

Enfin, si vous pensez pratiquer souvent cette méthode, vous pouvez utiliser de véritables pièces chinoises.

Celles-ci sont de forme circulaire et percées d'un trou carré pour signifier l'union du Ciel et de la Terre. Prenez votre temps et recherchez d'authentiques pièces au lieu de pâles reproductions à but décoratif. Fouinez dans les marchés aux puces ou les brocantes, elles sont relativement courantes. Avec ces pièces, la face gravée de quatre symboles chinois représente le côté face de la pièce.

Bien que fort simple, cette technique demande quelques précisions. Ce tirage dérivant du Yi King, nous pouvons en utiliser la technique dès l'instant où la probablité d'obtenir un chiffre pair ou impair est identique.

L'oracle de Napoléon n'utilise que le pair et l'impair, tandis que le Yi King considère également la parité mais avec une notion de mutation.

Ainsi le Yi King[1] utilise cette méthode de tirage :

Combinaison	Ligne et parité	Propriété	Probabilité
3 *faces*	*Vieux Yang*	*Mutant en Yin*	1/8
2 *piles*	*Jeune Yang*	*Non mutant*	3/8
2 *faces*	*Jeune Yin*	*Non mutant*	3/8
3 *piles*	*Vieux Yin*	*Mutant en Yang*	1/8

Nous ne prendrons pas en compte l'aspect mutant des lignes. Nous considérerons donc un vieux yin comme un yin simple et un vieux yang comme un yang simple :

Combinaison	Ligne et parité	Probabilité
3 *faces*	*Impair*	1/8
2 *piles*	*Impair*	3/8
2 *faces*	*Pair*	3/8
3 *piles*	*Pair*	1/8

1. Le Yi King est un livre de sagesse chinoise, plusieurs fois millénaire, combinant divination, conseils et art de vivre.

Le tirage par le jet des fèves

Voici une technique que de nombreux adeptes utilisent encore. Elle se pratique avec une base carrée, soit dessinée sur un quelconque support soit tracée directement sur le sol.

- Prenez un nombre déterminé de fèves[1] (toujours un multiple de 4 ou 16) et jetez-les vigoureusement sur le sol ou sur une table.
- Seules seront prises en compte les fèves qui resteront dans le carré tracé.
- Il suffira alors de compter ces fèves, et le résultat pair ou impair de ce nombre vous donnera la parité de la première ligne.
- Procédez ainsi cinq fois pour obtenir la constellation.

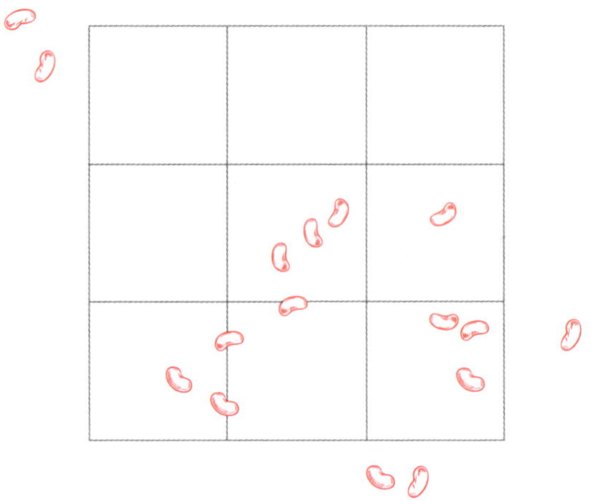

Le 1er lancer indique que 11 fèves sont restées à l'intérieur du carré.
11 est un chiffre impair, donc la 1re ligne sera impaire.

1. Vous pouvez utiliser des fèves, des haricots secs, des grains de café etc. Il faut simplement que les graines choisies ne roulent pas.

Le 2e lancer (ci-dessous) indique que 10 fèves sont restées à l'intérieur du carré. 10 est un chiffre pair, donc la 2e ligne sera paire.

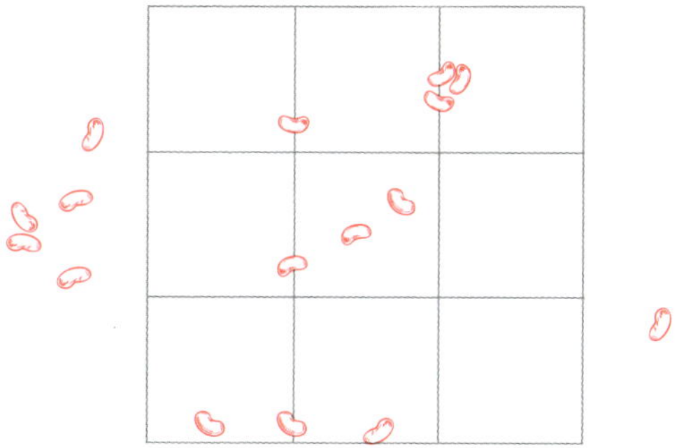

Le 3e lancer indique que 10 fèves sont restées à l'intérieur du carré. 10 est un chiffre pair, donc la 3e ligne sera paire. Etc

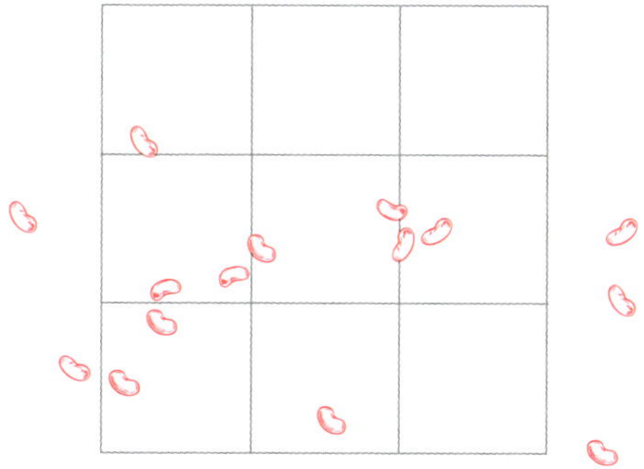

Cette méthode est celle dont dérive le jeté de points sur une feuille. Vous pourrez l'utiliser sans restriction. Elle est très facile, respecte les probabilités autant que l'esprit de l'oracle de Napoléon.

Le tirage par les cauris

Les cauris sont des petits coquillages que l'on trouve en bord de mer (en particulier sur le continent africain). Ils servaient autrefois de monnaie et leur pouvoir divinatoire n'est plus à démontrer.

Pour tirer l'oracle grâce à ces coquillages, il faudra vous en procurer 16.

Vous remarquerez que chaque coquillage présente deux faces différentes : celle fendue sur sa longueur sera le côté « mâle », l'autre, qui peut être bombée comme le ventre d'une femme enceinte ou avec un trou circulaire, sera le côté « femelle ».

En vous concentrant sur la question posée, vous devrez alors :

- Mélanger les cauris dans vos mains en les secouant.
- Jeter les cauris sur le sol ou sur un support (tapis divinatoire).
- Compter le nombre de cauris tombés coté « femelle visible ».
- Compter le nombre de cauris tombés coté « mâle visible ».

Une fois ces étapes réalisées, il vous suffit de vous référer au tableau suivant pour établir la parité de la ligne.

	Ligne et parité
Majorité de « mâles »	*Impair*
Égalité, mais le lanceur est droitier[1]	*Impair*
Majorité de « femelles »	*Pair*
Égalité, mais le lanceur est gaucher	*Pair*

1. Il s'agit de votre polarité de naissance, pas de celle parfois contrariée par l'éducation. Avec quelle main attrapez-vous spontanément ce qu'on vous lance ? Quel pied s'avance en premier lorsque vous basculez vers l'avant, etc.

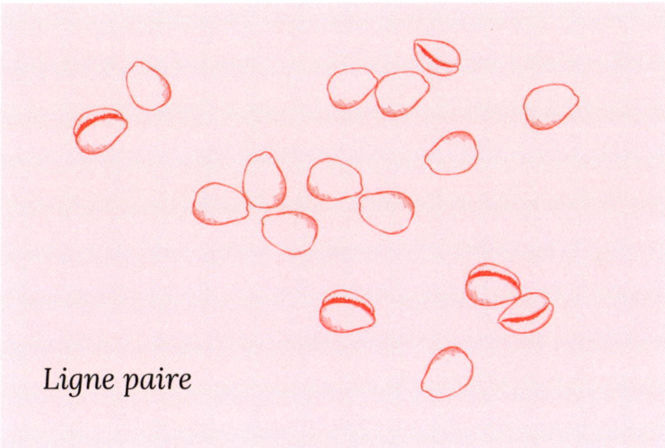

Ligne paire

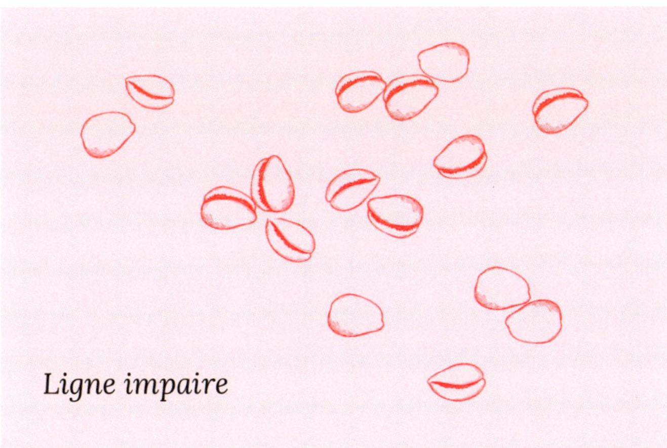

Ligne impaire

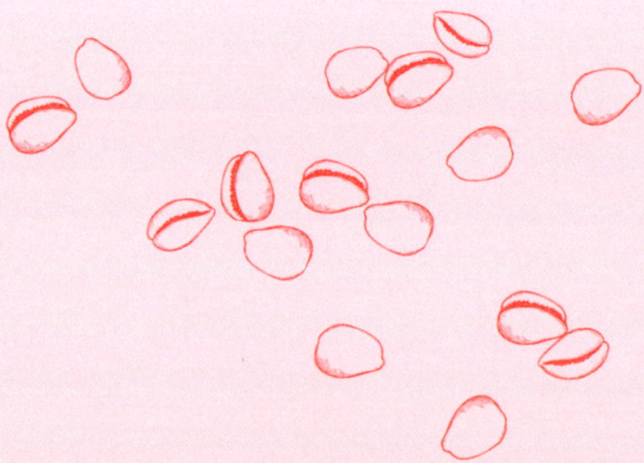

Lanceur gaucher donc ligne paire

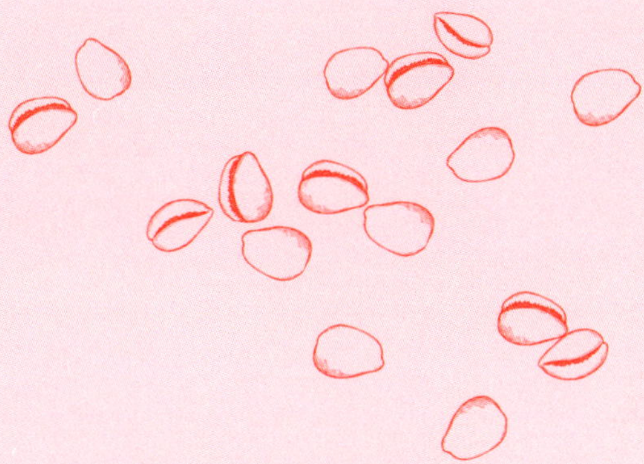

Lanceur droitier donc ligne impaire

Créer un espace sacré pour interroger l'oracle

Un lieu n'en vaut pas un autre[1]

Pour les sciences modernes profanes, l'espace est neutre. Un kilomètre est un kilomètre, où qu'il soit. Puisqu'elles regardent l'homme comme une machine perfectionnée, c'est vrai, de leur point de vue. Mais pour l'homme qui ne se laisse pas réduire à l'état de machine, c'est faux.

Vous portez en vous des lieux privilégiés, qualitativement différents des autres : le paysage de votre naissance, le site de vos premières amours, une rue ou une maison de la première ville étrangère visitée dans votre jeunesse. Même pour l'homme le plus farouchement cartésien, tous ces lieux gardent une qualité exceptionnelle, unique. Ce sont les lieux saints de son univers privé. Par leur évocation, par leur seule présence, ils possèdent le pouvoir d'induire une émotion particulière.

Créez votre territoire sacré

Délimiter un espace sacré, faire sien un territoire, revient à vaincre le chaos en arrêtant sa marche au moyen d'une enceinte. Le mot latin *templum* provient de la racine *tem*, couper. Le *templum* fut à l'origine la zone carrée que les devins étrusques délimitaient dans le ciel avec un bâton. Ils divisaient l'espace par deux droites perpendiculaires : le cardo dirigé du nord au sud, et le decumanus dirigé d'est en ouest. Ils y observaient les auspices (originellement le passage des oiseaux) pour les interpréter.

1. Selon *Cours pratique d'astrologie védique*, de Denis Labouré, Éd. Spiritualité Occidentale.

Par la suite, cet espace sacré dans lequel un contact avec les dieux pouvait s'établir fut tracé à même le sol pour circonscrire les limites d'un sanctuaire, d'une ville ou d'un camp militaire. Du musulman qui déroule son tapis de prière à l'ouverture des travaux d'une loge maçonnique, de la consécration d'une cathédrale à l'érection de la tente qui protégeait l'Arche d'Alliance dans le désert, l'opération est similaire : il s'agit de délimiter l'enceinte sacrée, de préparer le lieu à recevoir la présence divine.

Quand le devin ou le mage s'apprête à interroger les dieux, il délimite un territoire. Comme un lieu n'est pas égal à un autre, ce territoire devient sacré pour lui. Cette enceinte tracée a pour objet de séparer le monde profane du sacré. À l'intérieur de cet espace, vous œuvrez dans votre temple particulier, car vous allez effectuer une opération magique, d'une importance considérable. Dans cette enceinte, vous représentez le ciel. Vous obtiendrez ainsi un « ciel terrestre ». Il sera l'interface entre le Ciel et vous. Il sera le lieu où le divin (le Ciel) et vous (la Terre) se rencontrent et ne font plus qu'un. Puis vous rechercherez ce que ce Ciel répond à l'homme qui vous interroge. Vous serez le mage ou le prêtre.

Ce lieu sacré, c'est votre espace de tirage. Lorsque vous dressez une carte du ciel ou dépliez votre tapis de tirage, vous déroulez une zone d'infini, un espace divin dans lequel les esprits peuvent parler aux hommes. Gardez cela en conscience en préparant l'espace.

Je préconise de travailler avec un tapis de tirage, même si c'est pour interpréter un thème astral, un tirage de cartes ou pour poser une boule de cristal. Mais adaptez ce tapis à votre pratique et à votre clientèle. Si vous recevez des magnats de la finance, ils n'apprécieront pas des frous-frous partout. À l'inverse, si vous consultez sur un coin de table dans votre cuisine à la bonne franquette, pas besoin de prendre un tapis de cuir italien cousu main...

Vous pouvez coudre votre tapis et y dessiner des symboles, travailler sur un carton peint, utiliser un plateau de bois gravé, etc. Le support importe peu, mais il faut qu'en le positionnant vous changiez d'espace. En l'utilisant, vous devez avoir conscience que vous ouvrez la porte à un autre monde, vous accédez à l'espace des esprits et des dieux.

Bien qu'inutile techniquement, si cela vous aide, vous pouvez faire brûler des bougies ou de l'encens, disposer des cristaux et créer une ambiance qui vous plaise et vous coupe de votre quotidien.

Tirez la constellation

Dans un cadre cérémoniel où tout est orienté vers la consultation des dieux, votre attitude ne peut pas être désinvolte. Vous devez être concentré sur vos actes, sans toutefois créer de tension, sous peine de voir votre mental prendre le pas sur l'inspiration[1].

Dans cet état, votre geste sera juste, et la réponse particulièrement adaptée à la question. Dans cet état, vous allez cueillir une étoile pour la poser sur Terre. Pour y parvenir, il faut un peu de temps et de la concentration, sans pression. L'idéal est de réaliser le tirage avec les tiges d'achillées[2] comme dans le Yi King. Cette technique réclame toute votre attention pendant dix minutes, ce qui est parfait pour les questions importantes, ni trop ni trop peu.

---

1. « Inspiration » vient du latin *inspiratio* désignant le souffle divin qui anime l'esprit d'une sorte de transport et pousse à quelque action, suggère quelque discours (Académie française). Être inspiré, c'est donc être empli par la présence divine et poser le geste juste.
2. Un jour, je posais la question « pourquoi l'achillée ? » à une sommité du Yi King. Il me répondit « parce que ça pousse partout en Chine et c'est facile à travailler ».

Il vous faudra 50 brins d'achillée. Cette plante sauvage pousse à foison de juin à septembre. Elle possède de nombreuses vertus médicinales, probablement à l'origine des mythes[1] qui lui sont consacrés. Elle est également une plante sorcière très utilisée en magie des campagnes. Sa tige est longue et très ligneuse, ce qui la rend solide après séchage. Elle est parfaite sur tous les plans pour notre opération de divination.

1. Son nom viendrait d'Achille, le héros mythologique qui soigna ses blessures avec cette plante.

Si vous cueillez vos plantes pour constituer votre outil divinatoire, retirez-en les sommités et les feuilles. Puis ficelez et serrez les tiges entre elles, de manière à avoir un faisceau le plus droit possible. Suspendez-le à l'ombre pour qu'il sèche doucement. Une fois sèches, les tiges sont prêtes à l'emploi. Protégez-les dans un tissu qui ne servira qu'à cela.

Si vous ne trouvez pas d'achillée, les tiges de blé la remplacent avantageusement. Si vous n'avez pas l'âme champêtre, des tiges de bois feront également l'affaire. Dans ce cas, des pics à brochettes ou des baguettes chinoises sont une solution accessible. Vous pouvez y ajouter une touche personnelle en les peignant, en les gravant ou en utilisant toute autre technique qui les magnifiera à vos yeux.

Étape 1

Prenez 50 brins d'achillée[1] dans votre main.

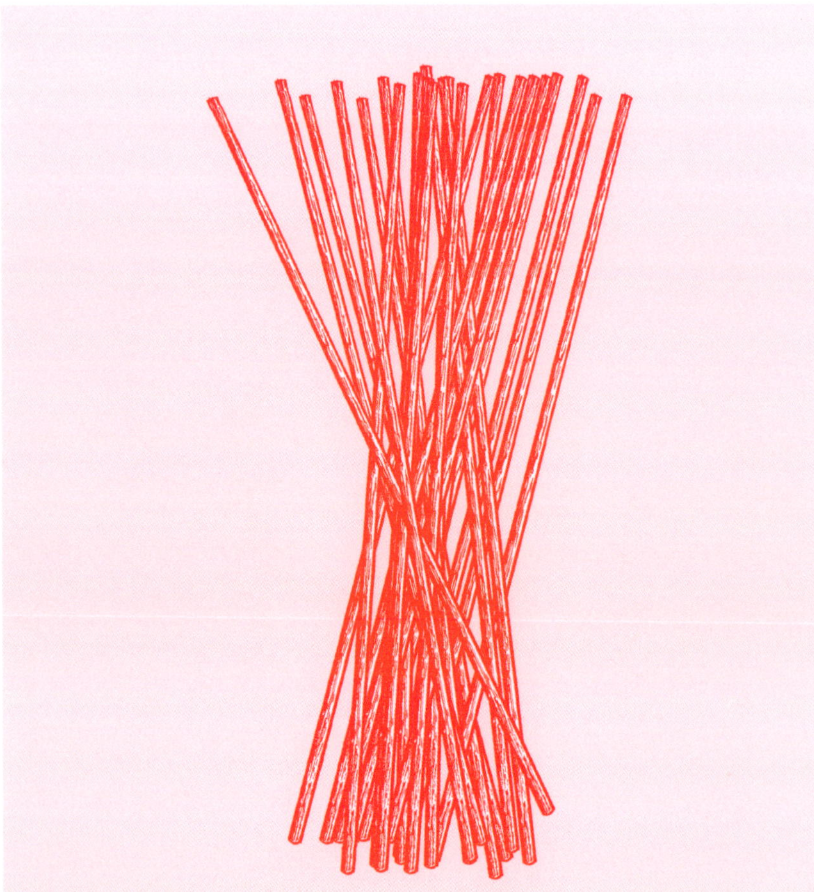

1. Les illustrations ont été simplifiées pour plus de lisibilité.

Étape 2

Retirez une tige d'achillée et placez-la sur l'extrémité avant de votre tapis de divination.

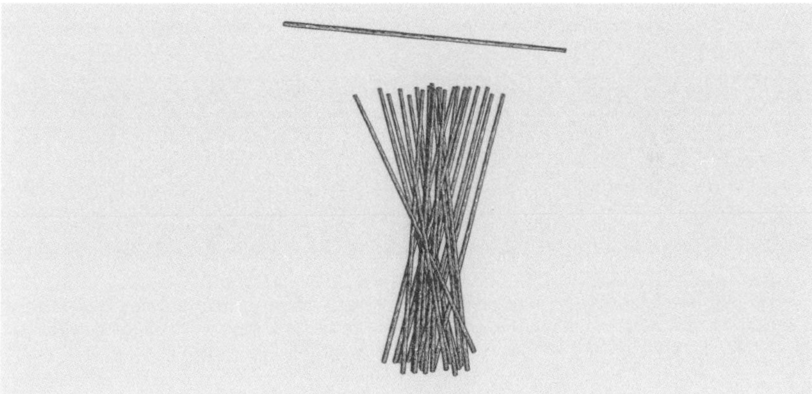

Étape 3

Séparez les 49 autres brins en deux tas.

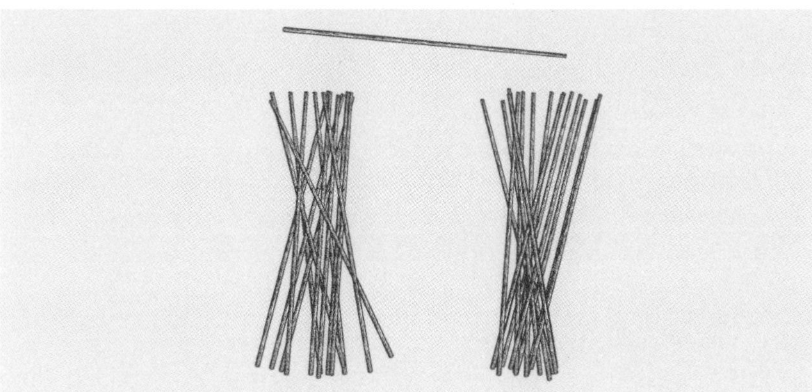

Étape 4

Posez le tas de droite dans le coin supérieur droit de votre tapis de tirage. Retirez une brindille du tas de gauche (celui que vous avez en main) et posez-la dans le coin supérieur gauche de votre tapis de divination.

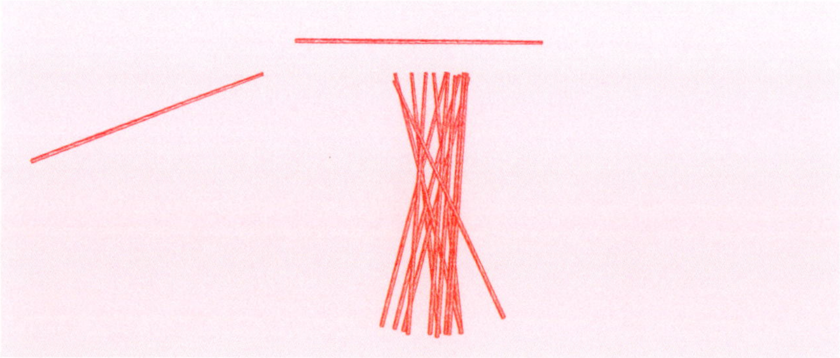

Étape 5

Comptez les brins de votre main 4 par 4 et éliminez le reste (même si cela fait 4 vous devez jeter quelque chose) en le plaçant sous la tige de départ en haut de votre tapis divinatoire.

Étape 6

Faites de même avec le tas de droite (celui que vous avez posé en haut à droite), <u>sans retirer la première tige</u> avant de les séparer 4 par 4.
Pour gagner de la place, posez ce qui reste du tas de gauche sur votre gauche.

Étape 7

Recommencez en prenant ce qu'il reste du tas de gauche et ce qu'il reste du tas de droite. Mélangez-les en pensant à votre question et séparez-les en deux nouveaux tas, comme sur la photo.

Étape 8

Placez le tas de droite en haut à droite.

Retirez une tige du tas de gauche et placez-la en haut à gauche.

Faites des groupes de 4 brins avec le tas de gauche.

Mettez le reste en haut, au centre.

Étape 9

Faites de même avec le tas de droite, sans ôter de tige avant d'avoir composé les groupes de 4.

Étape 10

Recommencez en prenant ce qu'il reste du tas de gauche et ce qu'il reste du tas de droite. Mélangez-les en pensant à votre question et séparez-les en deux nouveaux tas comme sur la photo.

Étape 11

Placez le tas de droite en haut à droite.
Retirez une tige du tas de gauche et placez-la en haut à gauche.
Faites des groupes de 4 brins avec le tas de gauche.
Placez le reste en haut, au centre.

Étape 12

Faites de même avec le tas de droite, sans ôter de tige avant d'avoir constitué les groupes de 4.

Étape 13

Vous obtenez alors un nombre restreint de groupes de 4 tiges, qui est le nombre « intrinsèque », celui qui vous indiquera le type de ligne paire, ou impaire (voir tableau ci-contre).

Il ne vous reste qu'à recommencer cette procédure quatre fois pour avoir les autres lignes et cueillir votre étoile. Pas de panique, c'est très rapide une fois que l'on maitrise le geste.

Nombre	Ligne et parité	Probabilité
9	*Impair*	3/16
7	*Impair*	5/16
8	*Pair*	7/16
6	*Pair*	1/16

Conclusion : l'art d'interpréter le présage

Le symbole est dans l'œil de celui qui le voit. Observer à deux la forme d'un nuage et chercher ensemble ce qu'il représente est possible intellectuellement, mais pas spirituellement. Là où l'un voit un chien (un ami, un serviteur, une aide, etc.), l'autre verra un chat (intuition, trahison, indépendance, etc.). Mais en discutant, l'un va pouvoir montrer la forme du chien à l'autre qui le verra finalement. Dans ce cas, le symbole du premier observateur prend sens pour lui, mais, pour le second, le message est passé par le filtre du mental et perd toute sa spontanéité. Le message du chien n'aura aucun sens pour l'observateur qui aura vu un chat en premier lieu…

Ainsi, un signe n'en est un que sur l'instant, pris sur le vif, et son interprétation est à saisir de la même manière. La première pensée qui passe par l'esprit de l'observateur est la bonne interprétation. Restez toujours sur cette idée, et si vous devez ensuite y réfléchir pour pousser plus loin l'interprétation, faites-le sous l'angle de votre première intuition. Des discussions ou des comparaisons de ressentis ne servent à rien, sinon à éloigner l'observateur du sens du message des dieux.

Toutefois, sans perdre de vue cette perception initiale, il est possible de faire appel à des interprétations de symboles, des grilles de codifications, etc. Mais, dans ce cas, les interprétations préétablies doivent toujours rester fidèles au sens premier saisi par l'observateur. L'oracle de Napoléon suit la même démarche. Les interprétations sont simples, courtes et souvent directes. Le choc de la réponse fait toujours remonter quelque chose de votre inconscient, une première impression, une pensée sur le vif. C'est de cette pensée qu'il faut vous saisir pour ensuite pousser l'interprétation.

Ma question

La date du tirage

/ /

La constellation obtenue

Mon tirage

1

2

3

4

5

La réponse de l'oracle

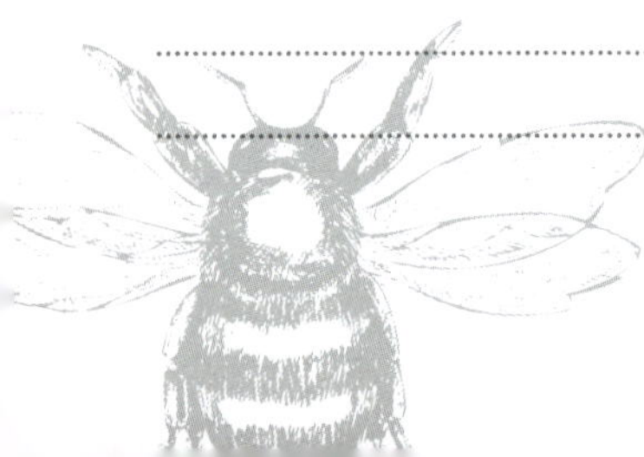

Ma question

....

....

....

La date du tirage

.... / .... / ....

La constellation obtenue

Mon tirage

1 ....

2 ....

3 ....

4 ....

5 ....

La réponse de l'oracle

....

....

....

....

....

Ma question

....

....

....

La date du tirage

.... / .... / ....

La constellation obtenue

Mon tirage

1 ....

2 ....

3 ....

4 ....

5 ....

La réponse de l'oracle

....

....

....

....

....

Ma question

....

....

....

La date du tirage

.... / .... / ....

La constellation obtenue

Mon tirage

1 ....

2 ....

3 ....

4 ....

5 ....

La réponse de l'oracle

....

....

....

....

....

Ma question

La date du tirage

...... / ...... / ......

La constellation obtenue

Mon tirage

1 ......

2 ......

3 ......

4 ......

5 ......

La réponse de l'oracle

Ma question

....

....

....

La date du tirage

.... / .... / ....

La constellation obtenue

Mon tirage

1 ....

2 ....

3 ....

4 ....

5 ....

La réponse de l'oracle

....

....

....

....

....

Ma question

La date du tirage

/ /

La constellation obtenue

Mon tirage

1

2

3

4

5

La réponse de l'oracle

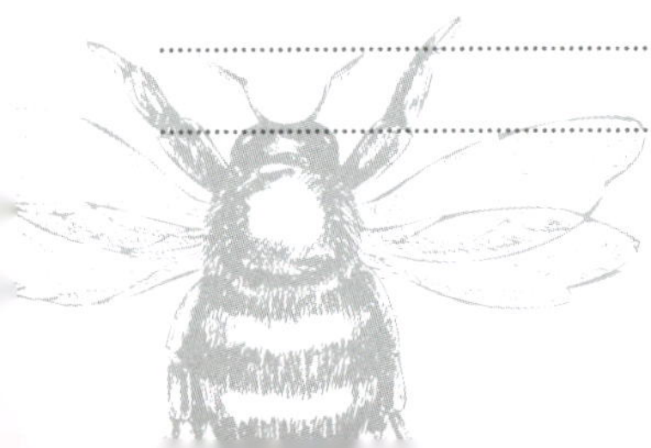

Ma question

....

....

....

La date du tirage

.... / .... / ....

La constellation obtenue

Mon tirage

1 ....

2 ....

3 ....

4 ....

5 ....

La réponse de l'oracle

....

....

....

....

....

Ma question

....

....

....

La date du tirage

.... / .... / ....

La constellation obtenue

Mon tirage

1 ....

2 ....

3 ....

4 ....

5 ....

La réponse de l'oracle

....

....

....

....

....

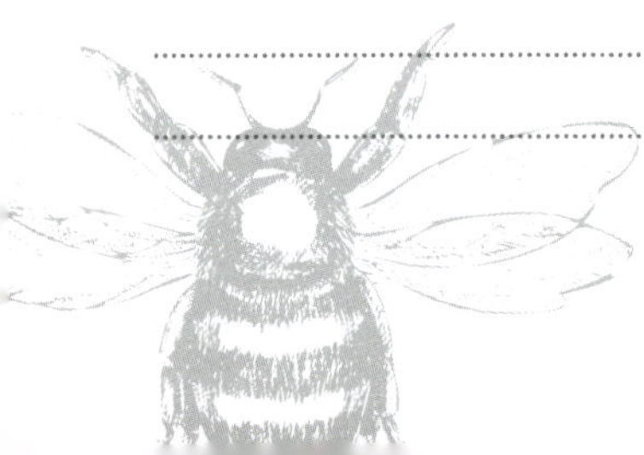

Ma question

....

....

....

La date du tirage

.... / .... / ....

La constellation obtenue

Mon tirage

1 ....

2 ....

3 ....

4 ....

5 ....

La réponse de l'oracle

....

....

....

....

....

Illustrations - Istock : ©MasaMima (papyrus, sphinx), ©ChrisGorgio (encrier), ©eyewave (œil omniscient), ©Alhontess (poisson), ©Vladayoung (verseau, bélier, taureau, gémeaux, lion, cancer, balance, scorpion, pyramide, clés), ©GeorgePeters (vierge), ©Stefan_Alfonso (chèvre), ©Kreatiw (flèche), ©vectortatu (os), ©Pimpay (ruche), ©antiqueimgnet (ancre), ©channarongsds (cœur transpercé), ©ivan-96 (urne), ©Jolygon (étoile), ©seamartini (masque mortuaire), ©channarongsds (sablier), ©bauhaus1000 (canope), ©ilbusca (harpe, charrue, plantes), ©vector_ann (corne d'abondance), ©kssss (soleil, lune), ©ChrisGorgio (dague), ©duncan1890 (château), ©Kristisha07 (scarabée), ©masan4ik (mains diseuses), ©sunstock (pièces), ©seamartini (fèves), ©kate_sun (cauris), ©OksanaOO (pyramide), ©Nadezhda_Nesterova (achillée), ©babloggie (tiges).

Direction : Catherine Saunier-Talec
Responsable éditoriale : Lisa Grall
Responsable de projet : Sophie Bartczak
Éditrice : Lucie VanHerpen
Préparation et correction : Sylvie Dumont-Josset et Maud Franquin
Couverture : Nicolas Gallois
Mise en page et conception graphique : Florine Le Richon
Fabrication : Anne-Laure Soyez
Responsable communication : Johanna Rodrigue
Responsable partenariat : Dana Lichiardopol - dlichiardopol@hachette-livre.fr

Dépôt légal : novembre 2021
ISBN : 978-2-01-715967-4
65-9490-0

Achevé d'imprimer en novembre 2021 par Rotolito en Italie

Nous utilisons des papiers composés de fibres naturelles, renouvelables, recyclables et fabriqués à partir de bois issus de forêts adoptant un système d'aménagement durable. En outre, nous travaillons avec des fournisseurs de papier qui s'inscrivent dans une démarche de certification environnementale reconnue.

PAPIER À BASE DE FIBRES CERTIFIÉES

hachette PRATIQUE s'engage pour l'environnement en réduisant l'empreinte carbone de ses livres. Celle de cet exemplaire est de :
600 g éq. CO_2
Rendez-vous sur www.hachette-durable.fr

58, rue Jean Bleuzen – 92178 Vanves Cedex